职业体育俱乐部非市场价值评估

喻和文　著

中国矿业大学出版社
· 徐州 ·

内容提要

在“我国地方政府如何合理、合法、合规地补贴职业体育俱乐部”的问题导向下，本书全面梳理了国内外职业体育俱乐部财政补贴相关研究，以公共产品理论、外部性理论、公共支出理论为理论基础，基于主场城市及其居民视角，构建了一个包含城市品牌效益、心理收入效益、生活质量效益在内的正外部性效益理论框架。以上海申花足球俱乐部为实证对象，运用条件价值评估法的双边界二分式引导技术调查上海居民对该俱乐部的支付意愿，据此估算其非市场价值。

本书可供社会体育指导与管理、体育经济与管理相关专业高年级本科生和研究生阅读学习，也可为职业体育俱乐部非市场价值评估实践提供参考。

图书在版编目(CIP)数据

职业体育俱乐部非市场价值评估 / 喻和文著.
徐州 ：中国矿业大学出版社，2024. 11. — ISBN 978-7-5646-6554-8

Ⅰ. G812. 17

中国国家版本馆 CIP 数据核字第 2024FX3083 号

书　　名　职业体育俱乐部非市场价值评估
著　　者　喻和文
责任编辑　马晓彦
出版发行　中国矿业大学出版社有限责任公司
（江苏省徐州市解放南路　邮编 221008）
营销热线　(0516)83885370　83884103
出版服务　(0516)83995789　83884920
网　　址　http://www.cumtp.com　**E-mail**:cumtpvip@cumtp.com
印　　刷　江苏凤凰数码印务有限公司
开　　本　787 mm×1092 mm　1/16　**印张** 10.75　**字数** 205 千字
版次印次　2024 年 11 月第 1 版　2024 年 11 月第 1 次印刷
定　　价　48.00 元
（图书出现印装质量问题，本社负责调换）

序

职业体育高质量发展是体育强国核心竞争力的重要构成，在体育强国建设中具有举足轻重的地位。当前在促进职业体育高质量发展过程中，地方政府财政补贴是各地普遍采用的政策手段。补贴政策包括税收减免、场馆租金减免、退税、贷款贴息和土地优惠，以及通过政府建立体育产业发展引导资金的方式提供现金补贴。然而，当前我国地方政府财政补贴往往以职业体育俱乐部亏损严重需扶持其发展为理由、以联赛成绩为补贴依据的做法，难免遭受质疑。职业体育俱乐部是自主经营、自负盈亏、自我发展的企业性组织，如果仅仅以扶持职业体育俱乐部发展与联赛成绩为理由和依据，补贴实则是降低了俱乐部运营的财务成本，或是扩大了俱乐部的利润空间。此举不但破坏了公平竞争的市场秩序，也有违政府公共财政支出原则。2013年，欧洲联盟对皇家马德里、巴塞罗那、埃因霍温等多家欧洲顶级联赛俱乐部启动了非法财政补贴调查，认为当地政府因各俱乐部财务困境而给予的补贴适用《欧盟运行条约》第107条第一款"扭曲或威胁公平竞争的补贴即是非法的"。国际经验亦表明，以俱乐部亏损（财务困境）为理由的补贴是不合理的。因而，我国地方政府如何合理规范地补贴职业体育俱乐部，正确处理政府与市场的关系，是我国职业体育市场治理中亟待解决的问题之一。

本书以我国职业体育俱乐部正外部性效益及其产生的非市场价值为研究对象，借鉴公共产品理论、外部性理论、公共支出理论，在全面梳理国内外相关研究与解析职业体育俱乐部产品属性的基础上，基于主场城市及其居民视角构建了一个包含城市品牌效益、心理收入效益、生活质量效益的职业体育俱乐部正外部性效益理论框架，明确了俱乐部非市场价值的构成。该研究为我国地方政府补贴职业体育俱乐部提供了合理理由并界定了补贴范围，有助于纠正当前我国地方政府补贴职业体育俱乐部理由的不合理性；研究运用条件价值评估法对上海申花足球俱乐部正外部性效益产生的非市场价值评估进行实证分析，为我国地方政府职业体育俱乐部财政补贴预算提供了依据。本书提出地方政府财政补贴应以职业体育俱乐部正外部性效益及其非市场价值为理由与依据的观点，既符合公共财政支出原则，又避免了职业体育市场非正当竞争的嫌疑。与此同时，条件价值评估法的引入，使职业体育俱乐部非市场价值货币化成为可能，也为该方法在大型体育赛事、大型体育场馆、体育公园等领域的非市场价值评估提供了参考。

喻和文博士本科毕业于湖南理工学院体育教育专业，2006 年考入上海体育大学经济管理学院攻读硕士学位，成为我指导的第一届硕士，从此与我建立了师生情谊。2016 年再次考入上海体育大学经济管理学院攻读博士学位，成为我的博士研究生。读博期间，我深感经济学、管理学理论与研究方法基础薄弱给他学业带来的挑战与艰辛，但是我也看到了他严谨谦虚的求学态度和不懈努力的韧劲，使他于 2019 年底顺利毕业。看到本书得以出版，作为喻和文的导师，我由衷感到欣慰和高兴，希望他不忘初心，砥砺前行，取得更加丰硕的成果。

刘东锋
上海体育大学经济管理学院教授、博士生导师
上海体育大学研究生院院长、国际体育经济学会副主席
2024 年 10 月于上海

前　言

各省市在制定“体育产业发展引导资金管理办法”政策时将职业体育俱乐部作为财政补贴重点对象，或专门制定了“高水平职业体育俱乐部扶持奖励管理办法”财政补贴政策。补贴理由是俱乐部严重亏损需要扶持其发展，补贴依据是联赛成绩，补贴方式包括减税、免税、退税、贷款贴息与土地优惠等财政政策（暗补）和现金补贴（明补）。根据公共产品（服务）提供和公共利益维护的公共支出原则，以及市场监管总局等部门联合印发的《公平竞争审查制度实施细则》，当下我国地方政府对职业体育俱乐部的财政补贴存在违背公共支出原则与公平竞争市场秩序，降低俱乐部的经营成本或虚增利润空间等不合理、不合法、不合规之处，难以体现“公共性”“福利性”“公平性”。因而，“我国地方政府如何合理、合法、合规地补贴职业体育俱乐部”是当前职业体育市场治理中亟待解决的问题。

欧美职业体育强国在职业体育俱乐部财政补贴实施过程中，将补贴理由从经济效益转向正外部性效益，原因是大量实证研究表明俱乐部产生的经济效益微乎其微，甚至可以忽略不计，基于正外部性效益的财政补贴才是合理的。正外部性效益因具有非竞争性的公共产品属性且无有效排他技术或手段，无法通过市场交易的方式获取其价值，故这部分价值属于非市场价值。鉴于国外经验与启示，我国职业体育俱乐部财政补贴实践既不能以俱乐部亏损需要扶持为理由，也不能以经济效益为理由，应当重视正外部性效益及其产生的非市场价值。本研究基于主场城市及其居民视角构建一个我国职业体育俱乐部正外部性效益的理论框架，以上海申花足球俱乐部为实证对象，应用条件价值评估法的双边界二分式引导技术调查上海居民对该俱乐部正外部性效益的支付意愿，据此估算其非市场价值，以期为地方政府合理、合法、合规补贴职业体育俱乐部提供智力支持与理论保障，为正确处理政府与职业体育市场关系提供实践参考。

本书分为6章。第1章为绪论，主要介绍了职业体育俱乐部财政补贴的研究背景、意义、方法及思路，以及内容框架。第2章为相关研究综述与理论基础，梳理了国内外职业体育财政补贴相关研究，并对可借鉴经验与不足之处进行评述。第3章为非市场价值评估工具，主要概述了作为非市场价值评估工具的条件价值评估法的产生、经济学原理、潜在偏差与干预、应用研究指导原则等。第4章为非市场价值构成，运用公共产品与外部性理论对职业体育俱乐部的产品属性进行逻辑思辨论证，在此基础上结合国内相关研究成果，构建了一个主场城市及其居民视角下的正外部性效益理论框架。第5章为非市场价值评估实证，以上海申花足球俱乐部为实证对象，运用条件价值评估法的双边界二分式引导技术调查居民对正外部性效益的支付意愿，据此估算其非市场价值。第6章为研究结论、不足与展望，对本研究论点做了简要概括，并提出了研究不足及今后需要进一步思考的问题。

需要特别说明的是，本书的研究工作得到了上海体育大学经济管理学院刘东锋教授和豫章师范学院科研处处长刘旭辉教授的指导与支持，在此致以诚挚谢意。

限于作者水平，书中难免存在不足之处，恳请有关专家和读者批评指正。

作者

2024年10月于南昌

目　录

第 1 章 绪　论

1.1 研究背景

1.1.1 我国地方政府补贴职业体育俱乐部的理由与依据不具合理性

我国职业体育俱乐部自职业体育发展伊始便不断得到来自地方政府的补贴，包括现金补贴与政策支持（税收与场馆租金减免、退税、土地优惠等）两种形式。因政策支持降低了职业体育俱乐部运营的财务成本，是一种间接的现金补贴方式，所以被称为“暗补”[1]。现金补贴始于 2009 年，之前因为政府财政预算中并没有专项资金用于补贴职业体育俱乐部，只能采取政策支持的形式间接为俱乐部提供经济援助。2009 年北京市体育局通过新设立的 5 亿元/年的体育产业发展引导资金向国安足球俱乐部资助 2 000 万元，开启了地方政府对当地职业体育俱乐部提供现金补贴的先河[2]。此后，各地政府相继效仿北京设立体育产业发展引导资金并对当地职业体育俱乐部进行补贴。同年，重庆市政府计划分三步向力帆足球俱乐部注入共计 3 000 万元现金，虽然赛季结束后力帆足球俱乐部只获得 2 000 万元，但也解决了该俱乐部年运作费用的 2/3[3]。2010 年，大连市政府向实德足球俱乐部资助 3 000 万元，给予每场 200 万元的赢球奖励，并解决俱乐部新基地建设的用地问题，以及动员大连企业赞助实德足球俱乐部，这一系列现金补贴与政策支持价值达 6 000 万元[4]。除了直接现金资助外，有些地方政府还给予现金奖励以激励本地职业体育俱乐部获得更好的成绩，如晋级奖励、保级奖励、排名奖励、夺冠奖励等。深圳市为培育高水平职业体育俱乐部，提出在洲际比赛或顶级联赛中获得前四名的，最高可分别奖励 3 000 万元、2 000 万元、1 000 万元及 500 万元，晋级顶级联赛的俱乐部最高可获得 2 500 万元的奖励[5]。广州市为推动职业体育的发展，市政府每年预留 1 亿元作为职业体育俱乐部的奖励资金，列入广州市体育局部门预算并在官方网站发布，参加中超联赛的职业足球俱乐部资助 2 000 万元，获得中超联赛冠军的职业足球俱乐部奖励 3 000 万元，获得亚洲联赛冠军的职业足球俱乐部奖励 5 000 万元[6]。

为保证地方政府补贴的规范性，在 2014 年国务院颁布的《关于促进体育消费发展体育产业的若干意见》（国发〔2014〕46 号，简称“46 号文”）的基础上，各省市相继制定了促进体育产业发展的地方政策，以及配套政策《体育产业发展引导专项资金管理办法》。在各地体育产业发展引导专项资金管理办法中，部分较为详细地提出了地方政府补贴当地职业体育俱乐部的策略，没有具体提出补贴策略的地方政府则制定了专门的补贴政策。本研究以“地方政府补贴职业体育俱乐部”为关键词通过百度检索到了部分省市官方网站发布的补贴政策，如表 1-1 所示。从表中可以看出，在当前我国职业体育俱乐部普遍亏损的情况下，地方政府补贴的理由为扶持职业体育俱乐部发展，但也开始涉及职业体育俱乐部的城市品牌效益。补贴依据分为两种情况：直接资助一般根据项目类别、联赛级别、俱乐部影响力及实际投入执行；现金奖励根据顶级联赛成绩排名或晋级，并结合项目类别、联赛级别、俱乐部影响力及实际投入执行。一般足球项目补贴最高，篮球次之，其他项目与二者差距较大，冠军奖励金额最高达到 3 000 万元。

表 1-1　部分地方政府补贴职业体育俱乐部的相关政策（截至 2019 年）

政策名称	补贴理由	补贴依据
《上海市促进体育发展财政专项资金管理办法》（沪体计〔2016〕443 号）	支持足、篮、排职业体育俱乐部建设	奖励：项目类别、联赛级别、顶级职业联赛前八名（以奖代补）
《深圳市体育产业发展专项资金管理办法》（深文体旅〔2016〕286 号） 《深圳市高水平职业体育俱乐部资助奖励操作规程》（深文体旅规〔2016〕389 号）	培育、引进高水平职业体育俱乐部	资助：项目类别、联赛级别、俱乐部影响力、实际投入。奖励：国际职业联赛或全国顶级联赛前四名，晋级奖励
《青岛市职业体育俱乐部扶持奖励管理办法》（青体字〔2015〕88 号）	扶持职业体育俱乐部发展	以绩效为导向，与俱乐部比赛成绩挂钩，全国顶级联赛前四名
《天津市体育产业发展引导资金管理办法》（津财教〔2015〕60 号） 《2017 年天津市体育产业发展引导资金扶持职业体育俱乐部发展类项目申报细则》	扶持职业体育俱乐部发展	联赛成绩排名及俱乐部投入
《山西省人民政府办公厅〈关于扶持职业体育发展的意见〉》（晋政办发〔2017〕126 号）	扶持职业体育俱乐部发展；扩大山西的知名度与影响力	联赛成绩排名；承担全运会、省运会任务情况；俱乐部规模及投入

表 1-1 (续)

政策名称	补贴理由	补贴依据
《厦门市人民政府关于加快发展体育产业促进体育消费若干措施的通知》(厦府〔2017〕307 号)	推进职业体育俱乐部建设	全国顶级联赛前三名
《南京市高水平职业体育俱乐部资助奖励实施办法(试行)(送审稿)》	打造一流职业体育俱乐部;加快俱乐部形成南京城市品牌,促进南京世界体育名城建设	资助:按项目类别、联赛级别、俱乐部影响力、实际投入; 奖励:顶级职业联赛前八名

综上所述,当前我国地方政府主要以扶持俱乐部发展为理由、联赛成绩为依据对职业体育俱乐部进行补贴,其中现金补贴包括直接资助和现金奖励两种方式。然而,以扶持职业体育俱乐部发展及联赛成绩为补贴理由与依据不具合理性,实则是干涉俱乐部运营,并且违背了公共财政支出的原则。作为企业性组织的职业体育俱乐部应该自主经营、自负盈亏,即使亏损或即将破产。而政府公共财政支出除了维持行政机构的正常运转,主要用于公共产品的提供及公共利益的维护。因此,地方政府如果仅仅以扶持职业体育俱乐部发展为理由、联赛成绩为依据进行补贴,实际上是扩大了俱乐部的利润空间和市场价值,破坏了公平竞争的职业体育市场秩序。

1.1.2 美国地方政府补贴职业体育俱乐部理由的转变

20 世纪 80 年代,美国地方政府把大型制造业项目视为经济发展的工具,并根据其推动经济增长的能力为其提供政府补贴,随着经济发展从制造业向服务业转移,娱乐项目特别是职业体育项目,已经取代了制造业项目成为地方政府补贴的对象[7]。与之前对制造业项目的补贴类似,地方政府将职业体育俱乐部视为当地经济的"催化剂",能够有效创造就业机会、提高人均收入及增加税收收入[8-10]。职业体育比赛吸引球迷来到主场城市,球迷会在当地酒店、饭店、酒吧及商场进行消费。如果球迷非本地居民,这部分消费是当地经济的净增加值,将会使当地零售业与娱乐业受益。因此,职业体育俱乐部及其场馆的运营带动了主场城市零售业和娱乐业的消费,进而创造更多的就业机会,增加工资及城市税收。为此,美国地方政府为争夺职业体育俱乐部的主场展开激烈竞争,除了新建或翻新职业体育场馆,还采取直接现金补贴、放弃俱乐部收入分成等各种补贴措施吸引或留住职业体育俱乐部:路易斯安那向圣徒队资助了1.865 亿美元,让其留在新奥尔良;租赁协议要求,圣地亚哥必须购买电光队未售出的门票;杰克逊维尔放弃美洲虎体育场冠名权收入的 25%;印第安纳波利斯给步行者每年补贴 1 000 万美元，为期 3 年；辛辛那提负责偿还孟虎队美国国家橄榄球联盟(NFL)体育场的债务[11]。然而，这些宣称职业体育俱乐部及其场馆能带来巨大经济效益的研究是职业体育俱乐部或其支持者委托的，存在被夸大或被粉饰的情况。即使如职业体育俱乐部老板或支持者委托研究宣称的那样，NFL 巴尔的摩乌鸦队能为该市创造 1.25 亿美元的经济价值，这种夸大的有失偏颇的估算也仅仅代表城市经济总量的 0.2%[12]；芝加哥拥有 5 家职业体育俱乐部，职业体育收入在该市服务业中所占比例也不到 1%[13]；像圣路易斯这样的中等城市，一支职业棒球俱乐部所带来的经济效益只占本地经济总量的 0.3%，而像纽约这样的大城市，一支职业棒球俱乐部带来的经济效益只占 0.03%[14]。实际上，人们常常没有意识到职业体育俱乐部相对城市经济总量而言是很小的经济体。职业体育俱乐部所创造的经济价值类似于一家商场，很难算得上是促进经济发展的有效工具。

质疑职业体育俱乐部经济效益的学者进行了实证研究，结果一致表明职业体育俱乐部创造的经济效益微乎其微，甚至是负面的，难以证明地方政府补贴的合理性[15-21]。也有研究指出有关经济效益研究存在诸多误导之处，如使用销售额而不是家庭收入乘数，歪曲就业乘数，使用增量代替正常的乘数系数，未能准确地界定影响区域，就业计算未能排除“钟点工”和“临时工”，使用“捏造”的乘数系数，忽略机会成本，只测量效益而忽略成本等[22-23]。尽管已经证明职业体育俱乐部对当地经济发展没有积极的影响，但地方政府对职业体育俱乐部的竞争与补贴却仍在继续，是否还有其他理由促使地方政府为之展开激烈竞争并能证明补贴的合理性？

当经济效益理由遭受普遍质疑后，地方政府补贴理由从经济效益转向职业体育生产与消费所带来的正外部性效益[24]。正外部性效益可能是证明地方政府补贴职业体育俱乐部合理性的唯一理由[25]。由于职业体育俱乐部的知名度与影响力，它通常被视为一座城市的名片[26]。市民自豪感除了改善人们对生活质量的感知外，还提升了居民对城市的认同感与归属感[27]。主场城市居民可以在没有观看比赛的情况下获得这些正外部性效益，其能成为证明职业体育俱乐部补贴合理性的另一理由，或者可能是唯一理由。但这些效益难以通过市场价格来衡量，然而测量的困难并不能代表这些效益的价值就不存在或减少了。有社会学家指出，职业体育俱乐部的重要性不在于其货币效应(经济效益)，而在于其作为社会化机构所创造的社会价值[28-29]。

1.1.3 条件价值评估法(CVM)破解了正外部性效益难以货币化的难题

职业体育俱乐部非市场价值估算的挑战，是如何货币化“阅读”“谈论”等生活质量效益、公民自豪感等心理收入效益、城市知名度与形象等城市品牌效益产生的经济价值，以及如何向公众解释这些概念。环境经济学家已广泛使用CVM来测量这些抽象的、难以衡量的概念。CVM是一种基于福利经济学理论的调查工具，以效用最大化为原理，对难以在市场上进行交易的环境产品、自然资源或公共产品，通过模拟市场交易，以问卷调查的形式获取受访者为了获得一定效用而提供的最大WTP（支付意愿）或因为放弃一定效用而希望获得的最小WTA（补偿意愿），以此为依据估算研究对象的非市场价值[30]。因为要求受访者根据假设情境中虚拟市场与有关公共产品的描述，提供所述的WTP，该方法被称为"条件"估值[31]。此外，CVM通常被称为"陈述偏好"技术，因为它要求人们直接陈述他们实际选择的价值和信任[32]。与其他陈述偏好方法相比（旅行成本法和特征价值法），CVM具有更大的灵活性。旅行成本法以旅行费用支出代替支付意愿来测量非市场价值。特征价值法通过发现产品特征对产品价格的影响来测量产品属性值。然而，这两种方法分析的是消费者的实际决策而不是假设决策。旅行成本法只能通过现场观众的旅行成本来估算正外部性效益的非市场价值，没有观赛的观众则被忽略了；特征价值法必须基于其他实际市场来推断估值，其他实际市场的选择难度很大，把握不准就会存在夸大或缩小非市场价值的可能，CVM却不需要其他实际市场来得出结果。因此，对于职业体育俱乐部正外部性效益货币化而言，CVM是相对理想的工具。

Davis[33]在20世纪60年代，利用问卷调查的方法来估算森林的户外休闲娱乐效益，并将基于CVM技术的调查引入更广泛的经济理论范畴。此后，CVM已被用于衡量各种非市场产品无形效益的货币价值，如环境保护[34-35]、耕地保护[36-37]、户外休闲[38-40]、健康促进[41-42]、国家公园[43]、野生动物保护[44-46]、水质改善[47-48]、公共工程项目[49-50]，以及职业体育俱乐部及其场馆的公共产品价值或无形效益价值[51-61]。CVM在20世纪90年代末引入我国，逐渐应用于生态环境改善[62-64]、水质改善[65]、雾霾治理[66]、旅游资源[67-68]、食品安全[69]、公共健康[70-71]、图书馆社会价值[72-73]、公共交通[74]等环境资源或公共领域，但在体育领域还未得到有效应用，在职业体育领域更是未有涉及。

1.2 问题的提出

职业体育俱乐部是一个向公众提供职业体育赛事及相关产品的企业化组织，是自主经营、自负盈亏、自我约束、自我发展的法人实体。企业性要求俱乐部与其他企业一样按照市场经济规律经营运作，实现利润最大化。与一般企业不同，利润最大化不是职业体育俱乐部的唯一目标，职业体育赛事在为俱乐部实现利润最大化的同时，作为一种付费公共产品满足了公众体育赛事观赏的需求，派生的副产品（正外部性效益）有助于居民生活质量提升与城市发展。职业体育俱乐部及其球星成为人们追随的对象及亲友间交谈的话题，阅读俱乐部及其球星相关的新闻成为人们的生活习惯，比赛为人们提供了聚会的机会。职业体育俱乐部成为所在城市或地区的名片，提升了其知名度与形象。职业体育俱乐部夺冠、获胜使人们为生活在拥有顶级职业联赛俱乐部的城市而感到自豪，使人们更加认同、依恋居住的城市；俱乐部使主场城市居民团结在一起为俱乐部球队加油助威，增强了主场城市的凝聚力。这些副产品具有非竞争的公共产品属性，且无有效排他技术或手段，居民可以在没有观看比赛的情况下对其进行消费。因此，职业体育俱乐部是一个具有"企业性"和"公共性"两重性质的企业组织。体现"公共性"的职业体育赛事副产品有助于主场城市发展与居民生活质量提升，俱乐部又难以通过市场交易的方式获取其价值，故地方政府有必要给予补贴。

从当前我国各地政府对职业体育俱乐部的财政补贴实践及政策制定层面看，主要以扶持职业体育俱乐部发展和俱乐部成绩为理由与依据，违背了公共财政支出的原则，难免遭受公众质疑。因此，从美国地方政府补贴理由的转变看（从经济效益转向正外部性效益），我国地方政府如何规范合理地补贴职业体育俱乐部，或者说地方政府如何介入职业体育市场是我国职业体育发展过程中需要解决的一个关键问题。本研究认为，虽然当前我国大多数职业体育俱乐部经营仍处于亏损状态，地方政府补贴的目的如果是基于扶持职业体育俱乐部发展和获得联赛成绩则是不合理的，而只基于城市营销的目的又是不全面的，也要注重职业体育俱乐部产生的其他正外部性效益，如带给居民的心理收入效益与生活质量效益。基于主场城市和主场城市居民视角的正外部性效益及其产生的非市场价值，能够为地方政府补贴职业体育俱乐部或职业体育俱乐部申请地方政府补贴提供合理的理由与依据。将研究问题细化，即在职业体育俱乐部正外部性效益框架内如何界定地方政府的补贴范围，以及如何量化正外部性效益的货币价值成为判断地方财政补贴是否规范合理的关键。

1.3 研究的目的与意义

国外地方政府对职业体育俱乐部的补贴，最初以经济效益为理由。经济学家通过实证研究发现，职业体育俱乐部对主场城市产生的经济效益很小，甚至可以忽略不计。而后，从事职业体育俱乐部研究的相关学者及地方政府补贴的支持者发现，研究忽略了具有“公共性”与“福利性”的正外部性效益及其产生的非市场价值。以此为理由与依据，既不违反公共财政支出原则，又能获得居民的认同与支持。我国地方政府补贴职业体育俱乐部，主要以扶持职业体育俱乐部发展和获得联赛成绩为理由与依据，显然违背了公共财政支出的原则，破坏了公平竞争的职业体育市场秩序。因而，在“我国地方政府如何规范合理地补贴职业体育俱乐部”的研究问题导向下，预实现以下研究意义：

(1) 从一个产品包的视角对职业体育俱乐部产品属性进行解析。以此作为职业体育俱乐部非市场价值构成分析的前提，同时强调了职业体育俱乐部总经济价值是由市场价值与非市场价值构成，希望能够引起我国地方政府与俱乐部管理者对非市场价值的关注。地方政府重视非市场价值对社会福利总量的增加，俱乐部重视非市场价值的创造，最终使得地方政府、职业体育俱乐部、当地居民能够共享非市场价值。

(2) 试图构建一个基于主场城市及其居民视角的职业体育俱乐部正外部性效益理论框架，为我国地方政府补贴提供合理理由并界定补贴范围；有助于建立一个不照抄、不照搬的有中国特色职业体育市场的地方政府治理模式，实现职业体育市场治理体系与治理能力现代化的目标。基于 CVM 的非市场价值评估，为地方政府补贴金额预算提供依据，即解决“为什么补贴，补贴多少”的问题。

(3) 拓宽了我国职业体育研究领域的视角。当前我国关于职业体育俱乐部的研究，主要集中于经营管理现状、品牌构建、人才培养、企业社会责任、社会效益等经营管理或社会影响方面，对正外部性效益的货币化衡量还未涉及。与此同时，CVM 的引入为职业体育俱乐部正外部性效益货币化提供了相对理想的工具，使得非市场价值评估成为可能。

1.4 研究对象、思路、方法、内容

1.4.1 研究对象

本书以我国职业体育俱乐部的正外部性效益为研究对象。基于主场城市及其居民视角构建一个职业体育俱乐部正外部性效益理论框架，运用 CVM 估算职业体育俱乐部正外部性效益产生的非市场价值，以此作为政府补贴职业体育俱乐部的理由与依据。城市品牌效益提升了主场城市的知名度与形象，心理

收入效益增强了主场城市居民的自豪感、归属感与认同感，生活质量效益提高了居民的生活质量，这些效益产生的非市场价值大小与职业体育俱乐部的知名度、市场化程度、影响力、项目普及性等条件息息相关。因而，不同层次联赛、不同项目联赛的职业体育俱乐部正外部性效益产生的非市场价值大小会存在差异。

1.4.2 研究思路

本研究基于主场城市及其居民视角构建一个职业体育俱乐部正外部性效益的理论框架，在此框架内以上海申花足球俱乐部为实证对象，应用 CVM 对其非市场价值进行估算。基于“提出问题—分析问题—解决问题”的思路（见图 1-1），首先提出一个问题：我国地方政府如何合理规范地补贴职业体育俱乐部？接着以公共产品理论、外部性理论、公共支出理论为理论基础，基于主场城市及其居民的视角构建一个我国职业体育俱乐部正外部性效益的理论框架。然后以上海申花足球俱乐部为实证分析对象，应用 CVM 调查上海市居民对该俱乐部正外部性效益的支付意愿，以此为依据估算其非市场价值。最后对上海市居民支付意愿的影响因素进行分析讨论，了解上海市居民支付意愿的决定性因素是哪些。

具体研究过程如下：

首先，构建一个基于主场城市及其居民视角的职业体育俱乐部正外部性效益理论框架。当前国外关于职业体育俱乐部非市场价值估算的研究，评估内容只涉及市民自豪感、“大联盟城市”地位或城市声誉、生活质量效益、改善种族关系等正外部性效益的其中之一或之二。本研究认为国外对于俱乐部非市场价值的估算只是测量了正外部性效益某一方面的价值，难以充分反映职业体育俱乐部正外部性效益产生的非市场价值。因此，需要构建一个较为全面的正外部性理论框架，作为本研究实证分析的理论框架。

然后，在正外部性效益理论框架内进行实证分析。基于调查的便利性，实证对象选择上海申花足球俱乐部。当然，满足研究对象要求的上海职业体育俱乐部还有上海海港足球俱乐部与东方篮球俱乐部。之所以选择上海申花足球俱乐部，是因为该俱乐部是上海最早成立的职业体育俱乐部，也是我国足球顶级联赛（甲 A、中超）的创始球队并延续至今，虽然俱乐部名称几经变更，“申花”二字始终保留，体现了上海居民对上海申花足球俱乐部的一种深厚情怀。实证通过问卷调查的方式获取上海居民对上海申花足球俱乐部的支付意愿，运用最大似然估计法对支付意愿均值进行计算，以此估算该俱乐部的非市场价值，同

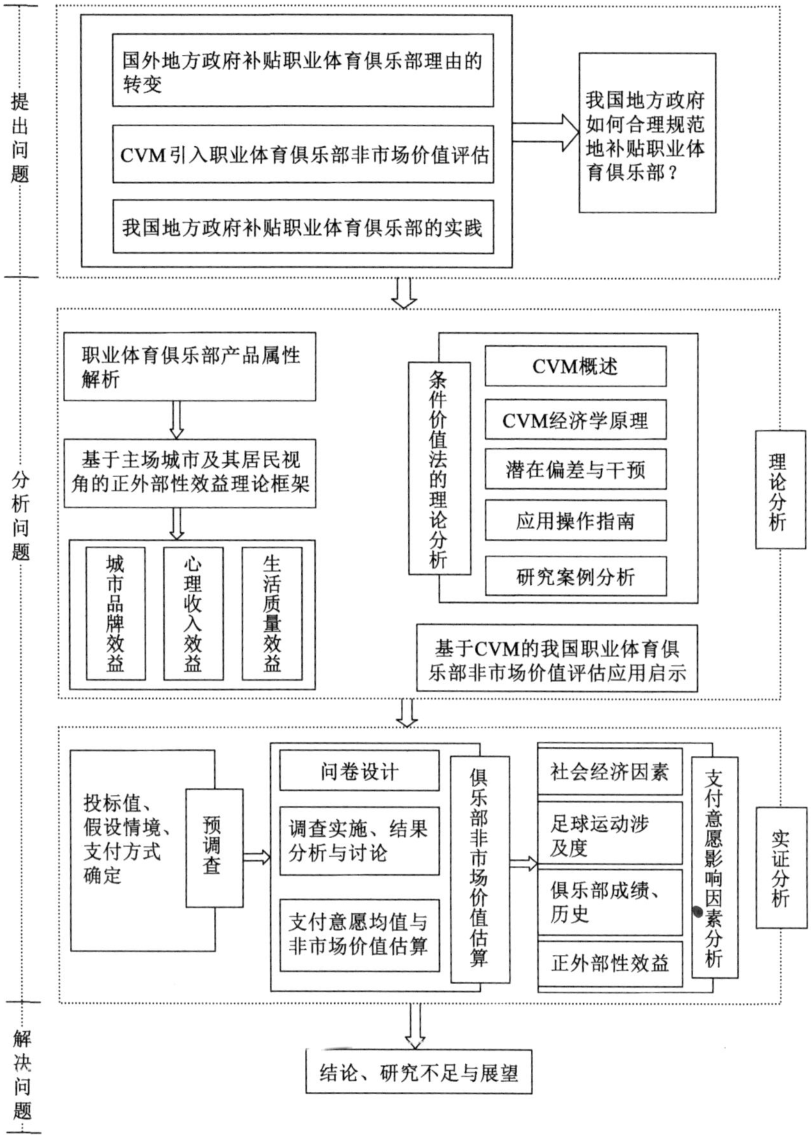

图 1-1 研究技术路线

时对支付意愿的影响因素进行分析与讨论，了解支付意愿的决定性因素。

在进行支付意愿正式调查之前有三个关键问题需要解决：① 投标值设计。投标值的合理设计关系到调查结果的有效性与可靠性，为使投标值能够全面覆盖受访者的支付意愿，预调查以开放式与支付卡式相结合的引导技术确定受访者最大与最小支付意愿，以此作为投标值设计的依据。② 假设情境中虚拟市场的构建。CVM 调查是基于效用最大化原理，采用问卷调查的形式询问受访者对俱乐部正外部性效益的需求偏好以及虚拟市场中俱乐部正外部性效益的支付意愿，以此估算非市场价值。假设情境中虚拟市场是 CVM 调查结果真实与否的一个关键因素，如果假设情境中被评估内容描述不全面、不详细会导致信息偏差，如果虚拟市场的可信度不高会导致假设偏差。美国研究虚拟市场构建以“留住职业体育俱乐部（不搬迁）”为主题，欧洲研究以“提升俱乐部成绩，避免其降级或解散”为主题。美国研究以“避免搬迁”为主题，主要是由于美国职业联赛采取的是季后赛的赛制，俱乐部不存在降级问题，但存在搬迁现象。欧洲研究以“避免降级或解散”为主题，主要是由于欧洲职业联赛采取升降级赛制，俱乐部不存在搬迁现象，但存在降级或解散问题。而对于我国职业联赛来讲，如篮球联赛借鉴美国的季后赛制，足球联赛借鉴欧洲的升降级赛制，因而虚拟市场的构建要视赛制而定。③ 支付方式的确定。支付方式会影响到受访者支付意愿及支付金额，所以选择一个受访者普遍接受的支付方式至关重要。以上三个关键问题，本书认为可采用预调查的方式予以解决。

最后，根据理论分析与实证研究结果得出针对性的结论，分析本研究存在的局限性，提出未来研究需要改进与完善之处。

1.4.3 研究方法

本研究采取规范研究与实证研究相结合的方法展开论证。规范研究旨在解决“应该怎样”的问题，即运用公共产品理论与外部性理论对职业体育俱乐部的产品属性进行逻辑思辨推断，对国外职业体育俱乐部正外部性效益的理论与实证研究进行回顾与审视，在此基础上基于主场城市及其居民的视角构建一个职业体育俱乐部正外部性效益的理论框架，为地方政府补贴职业体育俱乐部提供合理的理由，并作为界定补贴范围的依据。实证研究从研究问题出发，强调对事实的分析与讨论，主要回答“是什么”的问题。本研究实证分析部分在正外部性效益理论框架下，以上海申花足球俱乐部为实证对象，应用 CVM 对其非市场价值进行估算，然后以支付动机百分比为非市场价值构成比例计算出城市品牌价值、心理收入价值与生活质量价值，最终提出地方政府应在保证基本公共服务的前提下，结合地方财政实际，主场城市及其居民对城市品牌效益、心理收入效益、生活质量效益偏好与三者价值大小给予职业体育俱乐部补贴。具体研究方法如下。

1.4.3.1 文献研究法

通过百度学术、中国知网、万方、超星数字图书馆、GOOGLE 学术、ResearchGate、Emerald、EBSCOhost、Elsevier、ProQuest 等国内外学术搜索引擎及中英文数据库检索研究所需的相关文献与书籍，对于不能获取全文的外文文献，通过百链向其他高校文献数据库求助，尽可能全面获取本研究所需参考的文献。检索关键词或主题为“职业体育俱乐部或职业运动队经济效益”“职业体育俱乐部或职业运动队社会效益”“职业体育俱乐部或职业运动队无形效益”“职业体育俱乐部或职业运动队非经济效益”“职业体育俱乐部或职业运动队公共产品”“职业体育俱乐部或职业运动队地方福利”“CVM”“支付意愿”“非市场价值评估”。然后将检索到的相关文献进行梳理与综述，剖析现有研究可借鉴的经验与不足之处，为本研究优化提供理论基础。

1.4.3.2 逻辑思辨法

职业体育俱乐部产品属性关系地方政府补贴的合理性，如果俱乐部产品是私人产品，地方政府补贴则会扰乱市场秩序、违背财政支出原则；如果俱乐部产品是公共产品或具有显著正外部性效益，地方政府补贴则是合理的，并且会得到公众的认同与支持。应用公共产品理论与外部性理论对职业体育俱乐部的产品属性进行逻辑演绎推理，厘清俱乐部产品结构及其属性，以此作为证明地方政府补贴合理性的依据以及俱乐部非市场价值构成分析的前提。并基于主场城市及其居民的视角，构建一个我国职业体育俱乐部正外部性效益的理论框架，作为非市场价值构成分析的依据。

1.4.3.3 问卷调查法

条件价值评估(CV)问卷调查旨在通过虚拟市场及双边界二分式引导技术获取受访者的 WTP，如何引导受访者准确表达自己的偏好是本研究中实证分析成败的关键。本研究在调查前首先查找有关 CVM 的研究文献，了解 CVM 的经济学原理、可能产生的偏差及偏差干预措施。在问卷的设计上，经过了四个步骤，即设计—预调查—修订设计—正式调查。预调查主要解决正式调查前的三个问题：获取正式调查双边界二分式引导技术的投标值范围；了解受访者对假设情境中正外部性效益描述的理解力与虚拟市场的可信性；掌握切合实际的支付方式与拒绝支付的原因。

预调查问卷采取现场发放的方式，分别在上海市共青森林公园、虹口足球场(申花主场)附近的鲁迅公园、人民公园、世纪公园对现场居民进行询问。最终收集问卷 168 份，其中有效问卷 124 份。正式问卷调查则采取向问卷星公司购买样本服务的方式。调查范围为上海市16个区县，调查对象为上海市居民，调查方式为线上调查，调查时间为2019年5月1日至6月11日。根据预调查确定了11组投标值组合，每组投标值计划收集120个样本，总计1 320个样本。在问卷星公司及作者本人筛选后，剔除无效样本469份，最终反馈的有效样本总计1 355份，其中愿意支付样本673份，拒绝支付样本682份。

1.4.3.4 数理统计法

双边界二分式引导技术共产生四种选择结果（“愿意—愿意，Y—Y”“愿意—不愿意，Y—N”“不愿意—愿意，N—Y”“不愿意—不愿意，N—N”），通过SPSS 19.0对四种选择结果进行Logistic回归确定各种选择的影响因素，根据其回归系数建立Logit模型，将系数代入WTP均值计算模型求出各种选择的WTP均值，再对四种选择结果的WTP均值进行加权平均，得出双边界二分式下总样本WTP均值。以此为依据计算出上海申花足球俱乐部正外部性效益产生的非市场价值。

1.4.3.5 案例分析法

本研究对美国、欧洲及日本的相关研究案例进行分析，获取相关研究案例中的评估对象、评估内容、虚拟市场、引导技术、投标值、WTP影响因素、WTP总值、调查范围、样本量等CVM应用研究的关键指标信息，了解国外职业体育俱乐部非市场价值评估CVM应用的经验与不足，为职业体育俱乐部非市场价值评估CVM应用本土化提供参考。

1.4.4 研究内容

本书的主要研究内容包含以下两个方面：① 构建一个较为全面的职业体育俱乐部正外部性效益理论框架，作为实证分析的理论框架。② 以上海申花足球俱乐部作为实证分析对象，对居民支付意愿进行CV调查，对影响居民支付意愿的因素进行Logistic回归分析以确定居民支付意愿的决定因素，并根据决定因素影响系数建立Logit回归模型，运用最大似然估计法估算双边界二分式引导技术下样本的WTP均值。围绕研究问题与主要内容，本书共分为6章。

第1章　绪论：在研究的理论背景与现实背景分析下，首先提出研究问题“地方政府如何合理规范地补贴职业体育俱乐部？”，将研究问题具体化，即在职业体育俱乐部正外部性效益框架内如何界定地方政府的补贴范围，以及如何量化正外部性效益的货币价值成为地方财政补贴是否合理的关键。然后介绍研究目的与意义、研究思路、研究方法、研究内容，以及研究可能的创新点。

第2章　相关研究综述与理论基础：对所检索的相关中外文献进行分类，

主要为“质疑职业体育俱乐部经济效益的批判研究”“职业体育俱乐部地方政府补贴正外部性效益理由的研究”“基于 CVM 的职业体育俱乐部非市场价值估算研究”,对三类文献的研究内容、研究结果、可借鉴经验与不足之处进行评述,为本书所研究的职业体育俱乐部正外部性理论框架构建、实证分析与讨论提供理论参考。根据研究问题与内容,选择公共产品理论、外部性理论、公共支出理论作为本书的理论基础。

第 3 章 非市场价值评估工具——CVM:CVM 是当前公共产品非市场价值评估相对理想的方法,该章对 CVM 的产生与应用研究进展、经济学原理、潜在偏差与干预、应用研究操作原则、国外职业体育俱乐部 CVM 应用研究案例等方面进行梳理与分析,为本书应用 CVM 评估职业体育俱乐部非市场价值提供一定借鉴与启示。

第 4 章 非市场价值构成——基于主场城市及其居民视角的一个理论框架:运用公共产品理论与外部性理论对职业体育俱乐部的产品属性进行逻辑思辨论证,在此基础上基于主场城市及其居民的视角,构建一个包含城市品牌效益、心理收入效益及生活质量效益的职业体育俱乐部正外部性效益理论框架,为地方政府补贴职业体育俱乐部的合理性提供理由,并以此作为 CVM 实证分析的评估内容框架及非市场价值构成的界定依据。

第 5 章 非市场价值评估——上海申花足球俱乐部的实证研究:本章首先通过预调查确定 CVM 假设情境中的虚拟市场、投标值范围、支付方式、支付动机、拒绝支付原因,为正式调查问卷设计提供参考与依据。确定了正式调查方式、调查范围、调查对象、样本量,及双边界二分式引导技术下的 WTP 均值计算模型。然后对双边界二分式引导技术产生的四种选择结果分别进行 Logistic 回归,确定各种选择的影响因素,并根据回归系数建立 Logit 模型,将系数代入 WTP 均值计算模型求出各种选择的 WTP 均值,再对四种选择结果的 WTP 均值进行加权平均,得出双边界二分式下总样本 WTP 均值。最后对四种选择结果的影响因素进行分析与讨论。

第 6 章 结论、研究不足与展望。

1.5 研究可能的创新点

(1) 现有关于职业体育俱乐部非市场价值评估的研究,评估内容只涉及“大联盟”城市地位(城市声誉)、公共产品(“阅读”“谈论”等生活质量效益)、自豪感、改善种族关系其中之一或之二,难以较充分地体现其非市场价值。本书在重新界定职业体育俱乐部产品属性的前提下，基于主场城市及其居民视角构建了包含城市品牌效益、生活质量效益、心理收入效益的正外部性理论框架，明确了非市场价值构成，为我国职业体育俱乐部非市场价值评估提供了一个基本的理论框架。

(2) 本书构建的基于主场城市及其居民视角的职业体育俱乐部正外部性效益理论框架，不仅为我国地方政府补贴职业体育俱乐部提供了合理理由并界定了补贴范围，也对地方政府与职业体育市场关系的处理进行了探索，即地方政府如何规范合理地介入职业体育市场；有助于纠正当前我国地方政府补贴以扶持职业体育俱乐部发展及联赛成绩为理由与依据的不合理性，使基于正外部性效益的补贴实践既符合公共财政支出原则，又不会导致职业体育市场非正当竞争现象的出现；体现职业体育市场治理的公平化、公正化与市场化，以及地方政府补贴实践的合理性与规范性。

第2章 相关研究综述与理论基础

2.1 相关研究综述

2.1.1 经济效益补贴理由的质疑与批判

对职业运动队经济效益质疑的学者试图以多种方式衡量职业运动队老板及其补贴支持者所宣称的经济效益。主要方式有两种:第一种方式是在控制其他变量后,比较有无职业运动队的经济增长率;第二种方式是考察拥有新职业运动队后主场城市随后的经济发展,通过这两种方式得出的实证数据更有说服力。这些批判研究文献衡量的指标主要有经济发展、就业、税收、人均收入等方面,并判断出是否对当地经济产生了积极影响。Coates 等[19]回顾了质疑与批判职业运动队经济效益的实证研究,发现经济学家在这一领域的研究结果压倒性一致。即职业运动队不能有效促进地方经济发展、人均收入增长、创造就业及税收增加,职业运动队老板及其支持者不能以此作为地方政府补贴职业运动队的理由与依据。此外,还提出正外部性效益或无形效益可能是证明地方补贴的合理性的理由,但没有对其进行量化。

2.1.1.1 职业运动队与当地经济发展

Baade[13]认为职业体育相关的消费支出仅仅是取代了其他休闲消费支出,即由职业运动队增加的餐馆和酒店消费导致了主场城市其他休闲活动消费的减少,职业体育运动队不太可能产生新的支出。它们只是重新调整了现有的休闲支出结构,而这种调整对经济没有积极的影响,这种情况被称为“替代效应”。Hudson[75]指出当职业运动队游说公共财政支持时,总是宣称职业运动队是当地经济的“催化剂”。为了验证这种说法的真实性,他借助区域增长研究方面的模型,比较了城市有或没有一支职业运动队对当地经济发展所产生的影响,结果没有证据表明职业运动队对主场城市经济发展有显著的正面影响。Coates 等[76]评估了职业运动队罢赛和停赛对经济发展的影响,重申了经济影响的实质是“替代效应”。如果职业体育消费增加了当地的消费总量，那么当地经济会因为罢赛或停赛而遭受损失，结果却是罢赛或停赛未能对职业橄榄球或棒球队主场城市的经济发展产生影响。这表明职业运动队相关的支出只是调整了休闲支出结构。简单地说，由于预算约束限制了休闲支出，职业体育消费的增加意味着个人其他休闲活动（例如电影、保龄球）支出的减少。Austrian 等[16]表示职业运动队及其场馆将职业体育相关消费吸引至市区，促进了市区重建，是“经济再分配效应”的结果而非经济增长。Coates 等[77]为了印证职业运动队补贴支持者宣称的大部分经济影响，考察了职业运动队对服务业和零售业就业、人均收入的影响，取代了以往对大都市区的影响。服务业涉及酒店、娱乐业、休闲业、零售业及餐饮业。结果表明，职业运动队对服务业、零售业人均收入和就业的正面影响被对其他行业的人均收入和就业的负面影响抵消，甚至还减少了城市的人均收入，这是“替代效应”的结果，休闲支出只是在经济部门之间转换，而不是增加，而且职业运动队创造的是收入相对较低的就业岗位。Lertwachara 等[78]探索了城市通过补贴扩张或引进美国四大职业体育联盟［美国职业棒球大联盟（MLB）、美国国家橄榄球联盟（NFL）、美国职业篮球联盟（NBA）和国家冰球联盟（NHL）］一支新职业运动队前后城市或区域经济发展是否存在差异，以此来评价职业运动队对当地经济发展的影响。他们的研究结果与其他相关文献的研究结果一致，没有发现职业运动队对当地经济发展有显著影响。

2.1.1.2 职业运动队与就业

Baade 等[79]考察了职业运动队对年度制造业就业的影响，数据来源于对制造商的年度调查。解释变量包括大都市区人口、时代趋势、新建或翻新的体育场馆、一支职业橄榄球队和一支职业棒球队。他们发现几乎没有证据表明职业运动队引起了就业的变化。Baade[13]研究了 1957—1989 年间 48 个大都市区职业运动队对娱乐休闲业就业比例的影响。样本中的 48 个大都市区包括有职业运动队的城市和没有职业运动队的城市。对每个大都市区进行单独回归，结果发现职业运动队变量大多无统计学意义，表明职业运动队没有对娱乐休闲业就业比例产生积极的影响。Baade 等[80]分析了职业体育就业占州就业的比例，如果职业运动队的存在对主场城市就业能够产生积极影响，人们期望的职业体育相关的就业比例相对于没有职业运动队的城市就会发生变化。研究结果显示，9 个拥有职业运动队的城市中 4 个城市的就业呈显著正面影响，5 个城市呈负面影响。进一步分析发现，有显著正面影响的城市中职业运动队创造的就业只有 200 个左右，对于整个城市的就业来讲，可以忽略不计。实际上，与职业运动队相关的就业来自其他休闲娱乐消费转换为职业体育相关消费[81]。在没有职业运动队的情况下，个人会把自己的可支配收入花在其他一些休闲娱乐项目上。因此，职业体育相关的就业可能是以排挤休闲娱乐业的就业作为代价的，不应被视为新的就业机会。另一方面，职业运动队创造了数量有限的经营管理职位，但这些职位通常由相关体育组织的人或从其他体育或娱乐企业招聘的人来填补。场馆岗位如接待、售票、门卫和安保是临时的和低报酬的[82]，因为俱乐部球队在主场的比赛日程是既定的、有限的，一家俱乐部的员工除了专职人员，都面临赛季的波动。在美国，棒球大联盟的赛季最长，但在常规赛中也只有 81 场比赛的工作量。

2.1.1.3 职业运动队与人均收入

Baade 等[83]研究了职业运动队对大都市区实际个人收入的影响，以及 1965—1983 年间 9 个大都市区中个人收入与整个地区个人收入之比。解释变量与以前的研究[79]相同，他们没有发现任何证据表明职业运动队的存在能解释整个大都市区实际个人收入的任何变化。Coates 等[84]研究了 1969—1994 年美国 37 个标准大都市区职业运动队与人均收入之间的关系，对职业运动队刺激经济增长的能力产生了质疑。实证框架考察了职业橄榄球队、职业篮球队和职业棒球队的进入与退出对大都市区人均收入的影响，发现职业运动队对大都市区人均收入增长没有影响，有些还会产生负面影响。Gius 等[20]研究了只有一支职业运动队（NFL、NBA、MLB 或 NHL），以及拥有两个或两个以上职业运动队对大都市区人均收入的影响。结果表明，一支职业运动队或两支以上职业运动队在 5% 的置信水平或更高水平上均无统计学意义，即实际人均收入没有因为职业运动队的存在而变得更高。Coates 等[85]针对“季后赛是经济增长的重要动力”的观点，实证分析了进入季后赛的职业棒球大联盟、国家橄榄球联盟和国家篮球协会职业运动队对大都市区人均收入的经济影响。结果表明，主办季后赛的大都市区人均收入与没有举办季后赛的大都市区实际人均收入相同。结果还显示获得超级碗冠军的大都市区次年的人均收入高于其他大都市区，但超级碗不在获得超级碗冠军的大都会区举办，所以超级碗也对职业运动队主场的大都会区人均收入没有影响。Värja[86]通过各种回归技术分析了瑞典职业足球俱乐部与职业冰球俱乐部对当地经济的影响，结果表明：二者对税收增长均没有产生积极影响；职业足球俱乐部对人均收入没有影响，职业冰球俱乐部对人均收入存在负面影响，并表示地方政府补贴不能以经济效益为理由。Storm 等[87]使用了空间面板回归分析方法，基于丹麦 98 个地方区域的 582 个样本的数据分析发现：职业手球俱乐部对地区人均收入和收入增长率有很有限的正面影响；职业足球俱乐部对地区人均收入和收入增长率无统计意义的影响；职业冰球俱乐部对地区人均收入和收入增长率有显著的负面影响。

2.1.1.4 职业运动队与税收

就税收方面而言，既然职业体育俱乐部及其场馆带来的经济效益是微小的，甚至可以忽略不计，那么就不能创造经济净增长，不能使地方税收收入大幅增加。一方面，职业体育俱乐部的所得税潜力可能不大，因为大部分俱乐部员工的收入相对较低，而且运动员可能逃避大部分收入的所得税，当他们不居住在主场城市时，只能在晚些时候以延期付款的形式获得税收收入。另一方面，营业税是直接的，销售门票、球队相关商品、食品和饮料都可以征税。Rappaport 等[81]对美国四大联盟每年的营业税收入（使用当地 2%的营业税率）进行了估算，他们发现来自一家职业俱乐部的营业税收入范围，从冰球联盟球队的 278 400 美元/年到棒球联盟球队的 614 800 美元/年不等。虽然这个数额并不是微不足道的，但与一个城市整体营业税总收入相比是微小的，由于不是经济净增长创造的税收收入，同样被其他经济部门税收收入损失相抵消。

综上所述，质疑职业运动队及其场馆经济发展影响文献的研究结果惊人的一致。无论分析单元是城市还是行业，无论采用什么模型，无论采用什么变量，无论采用哪种验证方式，所得文献都说明几乎没有证据表明职业运动队及其场馆对经济发展有可以衡量的影响，即职业运动队及其场馆对当地经济发展的影响很小，甚至可以忽略不计。与职业运动队相关的支出只是调整了休闲消费支出结构，休闲消费支出只是在经济部门之间的转换而不是增加。在没有职业体育俱乐部的情况下，个人会去电影院、餐馆或者进行其他休闲娱乐消费。在拥有职业运动队以后，人们会对可自由支配的休闲消费支出进行调整，增加职业体育赛事支出，减少电影等其他休闲娱乐支出。毫无疑问，职业体育相关消费支出会为该区域创造就业机会，但却是以牺牲其他行业的就业为代价的，人均收入并没有因为职业运动队的存在而提高，税收收入也没有因此而增加。简单地说，家庭预算约束了休闲消费支出，因此与职业体育相关消费的增加，意味着其他休闲支出的减少。所以，职业运动队对经济发展并没有积极的影响，产生的只是“经济再分配效应”或“替代效应”。在职业运动队及其场馆所产生的经济效益遭受普遍质疑后，经济效益已不能成为政府补贴职业运动队的理由，进而职业运动队老板及补贴支持者转向了作为公共产品的无形效益或正外部性效益。

2.1.2 正外部性效益补贴理由合理性的审视

基于经济效益理由的地方政府补贴遭到了普遍的质疑与批判，但批判职业体育俱乐部经济效益的经济学家也认识到正外部性效益会超出所衡量的经济效益。Baade 等[79]提出可衡量的经济效益，对当地居民而言不足以证明体育场馆补贴合理性，认为必须转向难以衡量的正外部性效益，如球迷认同感和市民自豪感。Branscombe 等[88]讨论了职业运动队认同感对社区自尊与社会关系维护的积极意义。由于地域流动性、工业化等诸多因素，传统的社会关系已经衰弱，而职业运动队与观众之间的关系却持续增强。对职业运动队的强烈认同缓解了抑郁感与疏远感，同时促进了社区归属感和自我价值。Roger 等[89]还指出市民自豪感、球迷忠诚、社区精神是一支职业运动队存在的直接结果，并且是非竞争性的和非排他性的。人们谈论球队，分享对获胜的期望，在胜利中欢欣鼓舞，这可以把一个城市凝聚成一个有共同目标的社区，职业运动队的这种社会意义可能超过了它作为企业组织的经济意义。Swindell 等[27]通过五级李克特量表调查了印第安纳波利斯大都市区居民对小马队（NFL）和步行者队（NBA）产生的市民自豪感以及城市认同感的评价，结果表明大联盟运动队极大促进了居民的城市认同感与市民自豪感。步行者队和小马队城市认同感的均值分别4.47和4.33；市民自豪感的均值分别为4.26和4.07。此外，81%的步行者队受访者表示，如果步行者要搬迁，大都市区的声誉将会受到影响，而且75%的小马队的受访者感觉也是如此。Rappaport 等[81]分析了一支大联盟运动队给城市带来的生活质量效益，即居民从职业运动队获得的满足感和幸福感。观看比赛能为球迷带来激情进而增强幸福感，比赛为聚会提供了机会，运动队的成绩是朋友之间长期讨论的话题，对俱乐部决策的质疑是人们延续不断的笑料；无论居民是否为球迷，都可以享受职业运动队带来的自豪感，让人们觉得自己生活在一个“世界级”的城市里。该文章还指出职业运动队的生活质量效益有助于证明巨额地方政府补贴职业运动队的合理性。Crompton[90]指出职业运动队会产生特定的无形效益，比如提升城市的知名度与形象，增强居民的心理收入。知名度与形象的提升一方面是由于媒体对职业运动铺天盖地的报道，另一方面是由于职业运动队自身的知名度和形象。心理收入是居民即使没有观看职业体育赛事，也没有参加运动队组织的活动，也会因为职业运动队的存在而感知到的情感和心理收益，如市民自豪感、社区认同感、社区依恋感等。职业运动队已成为各大城市进行城市营销的重要法宝，且认为职业运动队更容易、更广泛地被视为一个地方的重要象征，这可能是证明大联盟运动队体育设施补贴合理性的关键。Smith[91]认为职业运动队为人们提供了娱乐和休闲活动，成为人们交谈的话题，增强城市形象，帮助城市重新塑造形象，并在游客心中展示这一形象。Schwester[92]通过文献回顾发现，职业运动队在创造就业机会和提高人均收入水平方面的作用都是微不足道的。他认为地方政府补贴可以更好地参考非经济效益。该研究通过实证数据发现:巴尔的摩金莺队和克利夫兰布朗队带来了市民自豪感,其通过提高城市名气和认同感,为巴尔的摩和克利夫兰的声望做出了贡献;职业运动队的非经济效益是证明地方政府补贴合理性的决定性因素。

以上研究表明,职业运动队存在的重要性不在于其经济效益,而在于无形效益、非经济效益或正外部性效益。职业运动队为主场城市及其居民带来的正外部性效益,不论是城市品牌效益(城市知名度与形象的提升)、心理收入效益(自豪感、认同感、归属感、依恋感),还是生活质量效益(职业运动队成为人们长期讨论的话题、提供了有关的新闻、为聚会提供了机会,且其笑料增添了生活乐趣),可能是证明地方政府补贴职业运动队合理性的关键因素。Roger 等[89]指出难以衡量的效益是重要的,大联盟球队的正外部性效益价值是否超出地方政府补贴是不确定的,但绝不是难以估量的。因而,基于正外部性效益理由的地方政府补贴,其非市场价值的估算成为如何补贴的关键。由于正外部性效益具有公共产品的非竞争性属性且无有效排他技术与手段,不能在市场上进行交易,无法用传统的市场估值方法来进行衡量。CVM 的引入使正外部性效益价值的货币化成为可能,当前美国、欧洲及日本均已开展了职业体育俱乐部正外部性效益价值货币化的 CVM 应用研究。但有些效益(如球迷忠诚、观赛激情与快乐、获胜期望、社区凝聚力、聚会机会)必须在观赛的前提下才能获取或感知,这对于球迷化程度较高的欧美国家来说,可以作为非市场价值的评估内容,而我国城市居民球迷化程度还很低,观赛才能获取的正外部性效益作为非市场价值的评估内容是不合适的。

2.1.3 体育领域 CVM 应用研究的回顾与述评

2.1.3.1 大型体育赛事与大型体育场馆 CVM 应用研究

国外体育领域的 CVM 应用研究涉及职业体育俱乐部、大型体育赛事、大型体育场馆,旨在进行成本-效益分析,以衡量地方政府对职业体育俱乐部补贴、政府对大型体育赛事举办或大型体育场馆建设投入的合理性。Walton 等[93]指出,诸如奥运会之类的大型体育赛事评估一般都是经济影响评估,近年来,政策制定者开始逐渐重视无形效益(如公民自豪感、社会凝聚力、提升东道国形象);并首次应用 CVM,以 2012 年伦敦奥运会为例估算大型体育赛事的无形效益价值。Wicker 等[94]调查了德国人对 2012 年伦敦奥运会德国队奖牌榜第一与一块田径金牌的支付意愿,分别为 6.13 欧元与 5.21 欧元,研究结果有助于证明政府对大型体育赛事和竞技体育人才培养投入的合理性。Vekeman 等[95]应用 CVM 评估了比利时环佛兰德斯自行车赛(佛兰德斯之旅),结果表明其非市场效益产生的总价值为 1 760 万欧元,而在 2009 年的比赛中,佛兰德斯自治市发放了 15 万欧元的补贴并安排了 675 名警察给予安保支持,东佛兰德斯省提供了 1.25 万欧元的补贴,说明非市场效益更能证明补贴的合理性。Wicker 等[96]采取线上调查的方式,应用 CVM 评估了德国如果夺得 2012 年欧锦赛冠军与 2012 年伦敦奥运会奖牌榜第一的价值,结果表明欧锦赛冠军的价值(33 亿欧元)高于奥运会奖牌榜第一的价值(26 亿欧元),这也是首次对大型体育赛事的获胜价值进行比较研究。Humphreys 等[97]通过调查 2010 年冬奥会赛前、赛后加拿大人对加拿大国家队获得奖牌的支付意愿来估算奖牌价值,结果表明奖牌价值超过了加拿大政府对国家队的投入。Zawadzki[98]采用 CVM 估计了 2012 年欧锦赛在波兰的无形收益(约为 53 亿兹罗提),为确定波兰主办 2012 欧洲足球锦标赛所带来的净无形收益提供了依据;然后将无形收益与该国体育设施的实际支出进行比较,发现无形收益远远超过政府对体育设施的投入(10 亿兹罗提)。

现有对大型体育赛事(主要是奥运会)无形效益、国家队奖牌榜第一或金牌价值的评估研究主要集中于欧洲,评估内容为公民自豪感、社会凝聚力、提升东道国形象、国家推广、引导健康生活方式、激励青少年体育参与等无形效益的部分,其中核心内容为公民自豪感。对体育场馆无形效益的价值评估研究较少,2012 年 Johnson 等[99]以市中心大型体育场馆为研究对象,评估了所产生的公共产品(市民自豪感、社区认同感)价值,并认为市中心大型体育场馆繁荣了市中心,提升了市民生活质量,但人们对其公共产品的价值知之甚少。我国体育领域的 CVM 应用研究,目前作者通过多条途径只查阅到一篇关于 2009 年上海 ATP1000 大师赛自豪感的非市场价值评估[100],说明 CVM 在我国体育领域的应用研究几乎空白。

2.1.3.2　职业体育俱乐部 CVM 应用研究

CVM 在职业体育领域应用研究始于 2000 年,前期研究集中于美国,后期研究转向欧洲。Johnson 等[51]首次利用 CVM 估算肯塔基大学篮球队(野猫队)的公共产品价值,以此证明在肯塔基州列克星敦为肯塔基大学篮球队新建一座篮球馆和一个用于小型联赛棒球场的合理性,结果证明肯塔基大学篮球队公共产品价值为 1 120 万～2 200 万美元,远远低于一个新篮球馆(约 1 亿美元)的成本,难以证明体育场馆政府补贴的合理性。该文虽然论证了将 CVM 应用到职业运动队公共产品价值评估的可行性,但也表明小联盟运动队难以产生像大联盟运动队那样大的公共产品价值，生活质量效益只是公共产品的一部分，小联盟运动队搬迁威胁的可信度极低，这为未来 CVM 应用于职业运动队公共产品价值研究提供了参考与启示。Johnson 等[52]通过询问调查了匹兹堡大都市区的居民愿意花多少钱来阻止 NHL 企鹅队的搬迁，结果显示大都市区的居民愿意每年支付 0.83～2.30 美元的税以留住企鹅队，以此估算出企鹅队的公共产品价值(生活质量效益)为 1 720 万～4 830 万美元，远低于建设一个冰球场所需的 2 亿美元，意味着纳税人所承担的代价似乎超过了其公共产品价值。然而，由于冰球是美国四大体育运动中相对最不受欢迎的一项，而且匹兹堡还有 NFL 钢人队与 MLB 海盗队，因此企鹅队和钢人队与海盗队相比，居民的支付意愿可能要低一些。支付意愿是基于效用最大化原理的概念，在拥有多支职业运动队的匹兹堡，企鹅队是影响力最小的职业球队。受访者对企鹅队的支付意愿体现了在拥有多支职业运动队的城市，居民支付意愿存在边际效用递减规律。Owen[53]进行了一项 CVM 调查，旨在测量明尼苏达州和密歇根州职业运动队的居民支付意愿(WTP)。和之前的 CVM 研究一样，他发现：总 WTP 值还不够大，不足以覆盖政府对体育场馆的补贴，但足以成为体育场馆补贴的一个重要依据；个人对球队的兴趣是决定受访者是否支持政府补贴的决定性因素。Johnson 等[54]延伸了他们之前的研究，评估了美国杰克逊维尔 NFL 美洲虎队以及一支假设存在的 NBA 球队所产生的公共产品价值，与之前的调查结果一致，美洲虎队的公共产品价值为 3 650 万美元，而一支篮球队的公共产品价值还不到 2 280 万美元，这表明与职业运动队有关的公共产品价值可能无法超过为体育场馆和竞技场的巨额财政支出。Swindell 等[55]强调将市民从职业运动队获得的无形效益价值货币化是决定地方政府是否补贴职业体育俱乐部的依据，也有助于俱乐部说服州政府或主场城市为其建造一座新球场；提出了将基于无形效益价值的成本-效益分析法整合到传统的经济影响分析模型中，以应对决策者所面临的未来的经济发展机遇；实证结果表明印第安纳州小马队的无形效益的 WTP 均值为 58.3 美元，总价值为 6 630 万美元。Swindell 引用了 Hamilton 等[12]的研究结果(巴尔的摩金莺队和乌鸦队各自对每户家庭产生无形效益价值达到 20 美元，那么地方政府给予一个新建棒球场和橄榄球场的补贴是值得的)可以看出，小马队的无形效益的 WTP 均值远远超过了每户家庭的 20 美元。Fenn 等[56]在搬迁威胁可信的背景下，分析了 NFL 明尼苏达维京人队对明尼苏达人家庭福利及城市声誉的贡献，同时指出搬迁威胁的可信性对于引导受访者揭示对职业运动队的偏好至关重要，最后基于搬迁威胁可信性估算出了更大的公共产品价值(7.56 亿美元)，比以往公共产品价值研究估算的结果要大得多,并且远远超出了地方政府补贴。

欧洲职业体育领域的CVM应用研究较少,而关于大型体育赛事的应用研究则相对较多。本研究所查阅的4项相关研究中有3项研究第一作者为Castellanos,评估对象为西班牙甲级联赛(以下简称西甲联赛)拉科鲁尼亚俱乐部,只是研究目的存在差异。Castellanos等[57]旨在衡量正外部性效益的货币价值(非市场价值),并指出正外部性效益是主场城市留住一家职业体育俱乐部的理由,非市场价值是主场城市进行成本-效益分析的关键因素,结果得出拉科鲁尼亚俱乐部的非市场价值为590万欧元,这是CVM在欧洲职业体育领域的首次应用。Castellanos等[58]研究得出拉科鲁尼亚俱乐部非市场价值为290万欧元/年,低于地方政府的补贴金额,因而建议使用双兰模型以区分真实拒绝支付与抗议性零支付对研究结果的影响。Castellanos等[59]旨在了解总体经济状况和俱乐部成绩(外部因素)对受访者支付意愿的影响,通过对2003年和2012年进行的两次CV调查结果比较分析发现:2012年样本WTP均值(25.02欧元)相对于2003年样本WTP均值(33.39欧元)有所下降,主要原因是该俱乐部的战绩较差和经济危机;2003年拉科鲁尼亚俱乐部获得西甲联赛冠军且西班牙总体经济状况良好,而在2012年第二次调查时西班牙正遭遇经济危机,且在2011赛季遭遇降级,2012年又重回西甲联赛赛场。这说明居民支付意愿相对于俱乐部成绩与总体经济状况是具有弹性的,即总体经济状况与俱乐部成绩较好时居民更愿意支付。Wicker等[60]旨在研究夺冠或避免降级(俱乐部成绩)对德国足球甲级、乙级联赛的28支球队支付意愿的影响,研究结果表明不管是负面虚拟市场还是正面虚拟市场,居民都有较高的意愿在经济上支持他们的球队,正面市场的WTP均值为765欧元,负面市场的WTP均值为736欧元;指出由于俱乐部在所有权、地理分布、联赛准入制度方面的差异,北美研究结果不能完全适用于欧洲职业体育俱乐部的CVM应用研究。

通过检索只发现一项日本职业体育领域CVM应用研究,可能相关研究成果只在日本国内学术期刊上发表。Ishizaka等[61]指出他们关于城市拥有一家职业体育俱乐部的经济价值的研究,为第一项对俱乐部公共产品价值进行货币化的研究,研究结果表明:WTP总值基于均值为3.41亿～11.75亿日元,基于中值为1.41亿～4.88亿日元。

美国、欧洲及日本职业体育领域的CVM应用研究起初旨在评估职业体育俱乐部的无形效益或公共产品价值,以衡量这些非市场价值是否能够超过或达到地方政府补贴金额。随着研究的深入,职业体育领域的CVM应用研究的目的不再局限于成本-效益分析(证明地方政府补贴的合理性),而是逐渐趋向于

CVM自身因素或外部因素对评估结果的影响,如虚拟市场的可信性、夺冠或降级(俱乐部成绩)、总体经济状况(经济危机)。现有成本-效益分析的研究中,存在研究结果不一致的现象,大多证明无形效益或公共产品价值未能超过地方政府补贴金额,相关作者也给出了缘由,主要是被评估俱乐部影响力太小(小联盟运动队)、调查区域偏小、边际效用递减规律、俱乐部成绩差、经济危机等。虽然多数研究证明了无形效益或公共产品价值并没有超过或达到地方政府补贴金额,但认为无形效益或公共产品价值足以成为地方政府补贴职业体育俱乐部的一个重要依据。关于评估结果不一致的缘由,除了上述情况,CVM自身存在的偏差问题也是一个关键的因素。Walker等[101]指出许多研究表明职业运动队无形效益或公共产品价值并没有超过地方政府的补贴,其中一种可能是并没有充分挖掘体育场馆和运动队产生的无形效益,同时指出CVM假设偏差与信息偏差是职业运动队公共产品CV调查中的两个主要问题。本书将在第3章CVM理论分析中结合各种偏差的论述进行深入探讨。

2.2 理论基础

2.2.1 公共产品理论

2.2.1.1 "非竞争性与非排他性"的内涵解析

公共产品(public goods)的概念最初是由瑞典经济学家林达尔于1919年提出的,但真正给出明确定义并将公共产品与私人产品加以区分的是美国著名经济学家萨缪尔森,他在1954年发表《公共支出的纯理论》一文中将公共产品定义为"每个人对这种物品的消费都不会导致其他人对该物品消费的减少[102]",同时还用数学公式表达了这一定义:$X_{n+j}=X_{n+j}^{i}$(i代表不同的消费者,j代表不同的产品),即每个人对公共产品的消费都等于公共产品的供给总量(等量消费)。该定义不但体现了公共产品的非竞争性,还体现了每个人的消费都是等量的。随后在不断再版的《经济学》经典教材中将定义不断修正和完善,形成了"非竞争性与非排他性"的公共产品内涵。所谓非竞争性是指公共产品的消费,新增一个消费者不会减少其他消费者的收益,新增消费者的边际成本为零。其含义有:① 等量消费,即个体对公共产品的消费量等于公共产品的供给总量;② 效用的不可分割性,即公共产品的消费不可像私人产品那样分割成数个单位去消费,只能以整体为单位进行消费;③ 共同消费,即消费者可以同时消费公共产品。所谓非排他性是指任何人都不能排除他人对公共产品不付代价的消费。其含义有：① 公共产品无法排除众多的受益者，即使受益者不付费；② 具有消费的不可逃避性，即使不想消费；③ 无法排他的可能原因是不具备排他技术，或具备排他技术但排他成本太高。根据非竞争性与非排他性，产品被划分为纯公共产品、准公共产品（俱乐部产品和公共资源）、混合产品、私人产品。

"非竞争性与非排他性"的公共产品内涵得到了广泛的认同与应用，有学者对国内外具有代表性的公共产品的经典教材、著作、文献进行了统计，发现在对公共产品内涵的解析上，79 名作者中直接将"非竞争性与非排他性"作为公共产品界定标准的占 72%，将"非竞争性、非排他性、不可分割性"作为公共产品界定标准的占 16%[103]。然而，萨缪尔森对公共产品的界定具有严格的假设前提与约束条件，现实中难以有产品能够满足萨缪尔森的界定标准，甚至不存在。即使作为典型案例的纯公共产品——国防，也只是在国土范围之内是非排他的，非本国公民享受不到国防服务。正如 Eecke[104] 所指出的那样，公共产品是一个被抽象、被理想化的概念，现实社会中严格区分公私产品的界定标准是不存在的，同一产品根据不同的分析视角与方法，既可以理解为公共产品也可以理解为私人产品。

2.2.1.2 "非竞争性与非排他性"的局限性

在西方国家，萨缪尔森公共产品理论成为政府公共财政支出的重要依据。市场经济条件下，"非竞争性与非排他性"是公共产品市场失灵的重要原因，因而认为公共产品只能由公共部门提供。我国自引入该理论以来，一直作为政府公共财政支出、政府与市场关系处理、政府职能转变的重要理论基础而被广泛应用。在借鉴与应用的过程中，结合社会经济发展阶段、科学技术进步、政府职能转变等外部因素，发现"非竞争性与非排他性"的公共产品内涵存在一定的局限性。难以解释的情况包括：具有显著竞争性与排他性的私人产品通过制度安排成为公共产品；有些公共产品能够排他却不排他；有些公共产品过去是非竞争与非排他的，随着科技进步转变为可竞争与可排他的。因而持质疑与批判态度的学者分别从社会共同需要、制度安排、产品边界等方面对公共产品的内涵进行了修正与界定。

持"社会共同需要"观点[105-107] 的学者认为，公共产品是社会共同需要的产物，是为了解决某一公共问题。社会共同需要是公共选择的结果，以社会伦理道德为基础，社会公平为核心，公共必须、公共选择和公共消费为特征。学者们还指出体现"社会共同需要"的公共产品会受到时间、道德观、价值观、经济发展阶段等因素的影响，具有动态性。从"制度安排"角度[108-110] 界定公共产品的学者认为，"非竞争性与非排他性"的公共产品内涵存在缺陷，非竞争性与非排他性会随着政治经济发展水平及科学技术条件等因素的改变而发生变化，且难以解释许多具有显著竞争性与排他性的私人产品为什么通过制度安排转变为公共产品，所以还应结合制度安排进行综合判断。但有学者认为公共产品界定与“非竞争性与非排他性”关系很小，制度安排才是公共产品界定的决定性因素，即通过制度安排可以把任何私人产品转变为公共产品[111]。以“产品边界”[112]对公共产品进行界定的学者认为，只有以公民生存发展的需求程度、市场的满足程度和资源的支持程度这三个根本问题为依据划分公共产品边界才能真正破解公共产品的边界难题，与三个根本问题相对应的边界确定变量包括与人民生命财产的相关程度及危险危害程度、市场供给的难度和成本、资源稀缺程度。从“多因素”角度对公共产品进行界定的学者认为，“非竞争性与非排他性”不是公共产品的界定标准，消费产权、公共必须、公共选择与公共消费多因素相结合才能准确界定公共产品[103]。上述国内学者对萨缪尔森公共产品内涵的质疑与批判中的一个共同观点是：以“非竞争性与非排他性”为界定标准并非一把万能钥匙，存在一定的局限性。因此，有的学者认为“非竞争性与非排他性”不是公共产品的界定标准，也有学者认为不应摒弃此界定标准，应和其他因素（社会共同需要、制度安排等）相结合对公共产品进行界定。本书将对“非竞争性与非排他性”的公共产品内涵及其本土化的批判研究进行审视，为厘清职业体育俱乐部产品属性奠定理论基础。

2.2.1.3 公共产品边界的审视与扩展

1. “非竞争性”依然是公共产品的界定标准

“非竞争性”由公共产品的自身特征（等量消费、共同消费、边际成本为零等）决定，它不会随着时间、空间、技术进步、制度安排等外部因素发生改变。而“非排他性”取决于排他意愿、排他成本与技术、制度安排等外部因素，并随其变化而改变。萨缪尔森公共产品理论认为公共产品的市场提供是低效甚至是无效的，进而导致市场失灵。但低效或无效的根本原因并不在于公共产品的“非竞争性”而在于能否排他，只要能够有效排他，市场就有提供公共产品的动力。因而，公共产品界定的关键是是否具有“非竞争性”，与能否排他无关。但以“非竞争性”判断公共产品还是存在一定局限的，难以解释“具有竞争性的私人产品在制度安排下成为公共产品”（如基本公共医疗服务），以及“有些公共产品能够排他却不排他”（比如义务教育）。因而“非竞争性”不是判断公共产品的唯一标准，还取决于制度安排、社会共同需要等其他因素。虽然“非竞争性”不能作为公共产品界定的唯一标准，但依然有较好的判断力和解释力。

2. “社会共同需要”是公共产品的另一界定标准

在质疑与批判萨缪尔森公共产品理论的研究中，制度安排与社会共同需要被认为是公共产品界定极其重要甚至是决定性的因素。但将制度安排与社会共同需要理解为两个独立的公共产品判断依据有些欠妥，实际上这两个因素是相互关联的，制度安排只有以社会共同需要为基础，才能真正满足公共需求。不以社会共同需要为基础的制度安排，极有可能导致公共产品的供需错位，造成资源浪费。因而社会共同需要是制度安排合理的前提，制度安排是社会共同需要实现的保障。现实中由于政府财政预算支出的限制，并非所有的社会共同需要都会得到制度安排，以社会共同需要作为公共产品的界定标准更为合理。据此，可以认为“社会共同需要”是公共产品的另一界定标准。它以社会伦理道德为基础，社会公平为核心，公共必须、公共选择、公共消费为特征，是制度安排的依据，并会受到时间、道德观、价值观、经济发展阶段等因素的影响。此外，以公民生存发展的需求程度、市场的满足程度和资源的支持程度为依据确定公共产品边界，实际上体现的是社会共同需要与供给主体与方式的问题。以“多因素”为标准界定公共产品，其中公共必须、公共选择、公共消费体现的是“社会共同需要”的内涵。

3. “非竞争性”与“社会共同需要”互补的界定标准

“非竞争性”与“社会共同需要”的区别在于，“非竞争性”是基于公共产品的消费特征（共同消费、等量消费）来界定公共产品，“社会共同需要”是基于公共产品的需求特征（公共必须、公共选择）来界定公共产品的。“社会共同需要”是动态的，会随着经济社会发展阶段、道德观、价值观等的变化而改变，取决于外在因素。“非竞争性”是静态的，不管经济社会等外在因素如何变化，不论是否能够排他，共同消费的特点不会改变，是公共产品的内在属性。那么，以“非竞争性”来界定公共产品，势必将体现社会公平与共同需要的具有私人产品属性的公共产品排除在外，亦无法体现公共产品的动态变化。以“社会共同需要”来界定公共产品，虽然体现了社会公平与共同需要，但遗漏了那些消费上具有非竞争性的公共产品，未体现社会共同需要的产品不等于不是公共产品。“非竞争性”与“社会公共需要”都可以判别公共产品，却也有各自的局限性，二者若相互补充可使公共产品的界定遗漏。具有“非竞争性”的产品，不管采取何种供给方式，不管是否反映社会共同需要，该产品必然是“理论”上的公共产品。而产品不管是否具有“非竞争性”，只要能够反映社会公共需要，是公共选择的结果，那么该产品就是“现实”中的公共产品。

4. 公共产品的私人供给

公共产品的私人供给最大的难题在于非排他性引起的“搭便车”问题，只要能解决此问题，私人部门供给公共产品便成为可能。Goldin[113]指出公共产品采取何种方式提供取决于排他技术与多样化的个人偏好，若公共产品不能通过市场充分供给，那是因为缺乏排除不付费者的技术或排他成本过高。如同Demsetz[114]所言：“只要能够有效解决非排他问题，私人部门就能提供公共产品，并且由于不同的消费者对同一公共产品的偏好存在差异，可以采取价格歧视的方式对不同的消费者收费。”Goldin 和 Demsetz 在理论上为公共产品的私人供给提供了依据，并指明了方向。之所以存在私人部门供给公共产品的必要，是因为长期以来公共产品政府供给的垄断性导致公共资源浪费，并严重影响了公共产品供给的质量和效率，进而极大地损害了消费者的权益[115]。另一方面，政府供给公共产品很少考虑成本与效率问题，由于政府官员理性的“经济人”思维，难免出现“寻租”及供需“错位”现象[116]。因而，私人部门通过市场机制提供公共产品，能够较为准确地反映消费者的偏好以及提升供给的质量和效率。

2.2.2 外部性理论

2.2.2.1 外部性的概述

外部性是指厂商或消费者的经济行为在价格机制以外对社会其他成员的福利造成的有利或不利影响[117]。马歇尔于 1890 年在其经典著作《经济学原理》中分析单个厂商或行业经济运行时，首次提出了一对概念——外部经济和内部经济[118]。而后，他的学生庇古于 1924 年在其著名的《福利经济学》中进一步研究了外部性问题。庇古应用边际分析方法，基于社会资源最优配置的视角，分析了边际私人净产值和边际社会净产值二者之间的差异。如果在边际私人净产值之外，其他人还能受益，那么边际社会净产值就大于边际私人净产值，庇古把生产者或消费者带给社会的有利影响称为边际社会收益；反之，如果其他人受损，那么边际社会净产值就小于边际私人净产值，把生产者或消费者带给社会的不利影响称为边际社会成本。此外，庇古还提出了外部性有正与负之分的重要思想，初步形成了静态技术下外部性的基本理论[119]。基于正负外部性思想，生产与消费所引致的外部性可分为四种具体形式：① 生产的外部经济性，即社会或他人因生产者采取的某种经济行为受益，而且无须付出任何代价。② 生产的外部不经济性，即社会或他人因生产者采取的某种经济行为受损，而生产者却没有承担补偿受损者的相应成本。③ 消费的外部经济性，即社会或他人因消费者的某种经济行为受益，而且无须付出任何代价。④ 消费的外部不经济性，即社会或他人因消费者的某种经济行为受损，而消费者却没有承担补偿受损者的相应成本。

2.2.2.2　外部性的特征

外部性不仅独立于市场机制之外，也存在于有关当事人决策的“外部”。生产者与消费者难以通过市场交易获取其应有的收益，或受损者无法通过市场交易获取其应有的补偿[120]。外部性的主要特征体现在以下五个方面：① 外部性独立于市场机制之外。外部性的首要特征是它不属于买者和卖者的关系范畴，不能通过市场发挥作用，即无法通过市场机制惩罚产生负外部性的厂商或消费者。② 外部性有正与负之分。当产生正外部性时，产生主体所提供的活动总是不能足够多，成为外部经济；当产生负外部性时，产生主体又总是过分提供活动，成为外部不经济。③ 外部性具有某种强制性。外部性在很多情况下不能由市场机制解决，它是强制加在承受者身上的，如附近机场飞机起降的轰鸣声、公路上的堵车现象，或汽车废气排放导致的大气污染等。④ 外部性不能完全消除。外部性广泛存在于生产与消费领域，是不可能完全消除的。如工业污染，在市场机制无法解决的情况下，政府干预只能起到限制作用，使之降低到社会成员能够接受的某种标准。⑤ 公共产品是一种特殊的正外部性[120]。当经济活动创造的正外部性有益于每个人时，这种正外部性就是纯公共产品，即正外部性能使每个人受益，具有非竞争性公共产品属性且无排他技术或手段，所以从某种程度上讲正外部性可理解为公共产品。但正外部性与公共产品还是有区分的，正外部性存在于决策外部，是厂商或消费者自利行为的副产品。但正外部性的外溢使厂商与消费者的总收益受到损失，于是积极致力于通过市场机制内部化正外部性。在市场机制难以内部化的情况下，财政补贴与税收优惠是正外部性内部化的一种政府行为，以激励厂商或消费者将正外部性发挥至最优水平。

2.2.2.3　外部性的纠正

正外部性通常难以通过市场机制解决，只有政府对产生正外部性的厂商或消费者给予政府补贴或税收优惠，使其获得生产或消费带来的外部收益，才能激励他们把产量或消费量扩大到社会最优水平，进而实现资源配置的帕累托最优，因而正外部性为政府补贴提供了理论依据。负外部性纠正通常采用以下四种措施：① 企业征税。对产生负外部性的企业的征税额度应该与企业给其他社会成员造成的损失相等，即企业私人成本恰好与社会成本一致。② 企业合并。当企业生产所带来的负外部性影响到另外一家企业时，该企业的私人成本低于社会成本，产量则会超过社会最优水平，但如果将两家企业合并，负外部性影响带来的不利影响则可被内部化。③ 确立产权。英国经济学家科斯认为只要能够清晰界定产权关系，私人成本与社会成本就一定会相等。同时只要交易成本为零，无论如何界定产权，都可以通过交易活动或权利的买卖者互订合约而使资源配置最优。但科斯定理在解决负外部性时有两个前提条件：一是讨价还价的成本不会阻碍协商双方找到有效的解决方法，即以足够低的成本让双方聚在一起谈判；二是假定资源的所有者能够确定破坏自己财产的源头，并能采取合法措施予以阻止。④ 政府规制。对于不能完全消除的负外部性，政府部门通过制定有关法规，采取许可、限制、禁止等手段对企业的外部不经济活动施加直接影响，将负外部性降到最低水平。具体表现为：规制负外部性水平，如政府通过制定环境质量标准来规定企业排污的最大排放量；规制生产过程，如禁止企业倾倒化学废料，勒令企业安装防污设备、改进生产工艺等。

2.2.3 公共支出理论

2.2.3.1 公共支出的概述

公共支出是指公共机构通过政府财政部门向社会成员提供公共产品的过程中所支付的各种费用的总和[120]。公共支出体现了政府的职能履行，代表着政府提供公共产品或服务所需的成本，反映着政府的公共政策选择。随着经济社会发展，人们追求美好生活的意愿不断增强，公共支出规模随之不断增长，支出结构不断变化。它的特征通常体现在以下几个方面：① 政府财政收入是公共支出资金的来源。中央或地方政府的财政收入主要通过税收获得，随着政府干预经济和社会的范围不断加大、程度不断加深，公共支出规模呈现相应上升的趋势甚至超出财政收入的现象时有发生。② 公共部门是公共支出的主体。公共产品非竞争的属性且无有效排他技术或手段，决定了大多数公共产品特别是基本公共服务难以通过市场供给的方式提供，只能由公共部门直接提供或由公共部门通过购买的方式间接提供，公共部门理所当然地就成了公共支出的主体。③ 满足社会共同需要是公共支出的目的。政府财政收入来源于全体社会成员的税收，那么公共支出必须满足社会共同需要并体现出公共性、福利性、外部性。从满足社会共同需要的层面看，公共支出是政府为提供公共服务而安排的支出，但市场经济体制下的公共支出只能用于市场机制本身无法发挥作用的公共领域内，超出这一范围政府就不应该介入。④ 公共支出不能具有市场营利性。政府不能在营利动机的驱使下安排支出活动，否则就会破坏市场秩序，使企业和个人无法平等地进行市场交易。⑤ 公共支出具有一定的生产性。传统公共财政理论认为,公共支出必须是非生产性的。事实上,如果公共支出为投资性支出时,就是一种物质生产性活动。如政府对国有化的煤炭、电力、钢铁、交通等行业的企业进行投资和补贴时,这类型的公共支出就属于生产性支出,有助于保障社会稳定。合理规范的公共支出应遵行以下原则:① 弥补市场失灵原则;② 公平原则;③ 社会利益原则;④ 厉行节约、讲求效益原则;⑤ 量入为出、保持平衡原则;⑥ 统筹兼顾、保证重点原则;⑦ 公开透明原则;⑧ 法定原则。

2.2.3.2　公共支出的结构与分类

所谓公共支出结构就是公共支出各部分之间的组合状态及其数量配比,或各类支出的组合及各类支出占总支出的比重[120]。从概念层面理解,公共支出结构不仅体现出各类公共支出的集合状态,也呈现出一种数量关系。但从国家财政体系的视角看,公共支出结构是政府财政职能和公共政策的体现。公共支出作为政府调节经济的基本财政手段之一,其结构是否合理,关系到政府资源配置的效率与效果,关系到社会共同需要的满足程度,进而影响到国民经济发展和社会福利等重大问题。因而公共支出结构构成不是随意的,而是要受到各种因素制约的:① 政府职能状况。公共支出结构与政府职能存在紧密的对应关系,政府职能的变化决定着公共支出结构的变化。政府职能并不是一成不变的,总是随着社会经济发展的需求不断变化。在市场经济体制下,我国政府职能范围与重心在内外部环境影响下发生改变,即由过去的"管理型政府"转向"服务型政府"。随着政府职能的转变,过去公共支出严重"越位"或"缺位"的问题得到改善。公共支出结构也随之发生了较大变化,经济建设支出比例下降,公共服务支出比例上升。② 一定时期内的政府目标。公共支出所具有的经济与政治双重特性,使得公共支出结构受到一定时期内政府目标的制约。如为了进一步改善民生问题,必然要强化政府的公共服务职能,健全基本公共服务体系,那么公共服务的支出比例就必须提高。③ 政府调控资源的能力。公共支出的性质在一定程度上反映了政府在一定时期内直接动员社会资源的能力。根据公共支出是否以商品和劳务交换为标准进行分类时,可分为转移性支出和购买性支出,其中购买性支出的比例体现了政府调控资源能力的强弱。当前我国地方政府购买公共服务支出的增长,既体现了政府通过购买方式促进公共服务供给效率与质量的提高,又反映了政府重新分配与使用资源能力的增强。④ 公共收入的客观限制。公共收入是公共支出得以实现的前提,公共支出只能以公共收入为上限,因而公共支出结构如何安排,最终会受到可供支出的财政收入的客观限制。

为了合理分配及有效地使用公共资金，加强对公共资金的管理与监督，有必要对公共支出的内容进行合理的分类。由于公共支出的范围广、结构复杂，因而分类标准也很多。通常根据公共支出的性质(该支出是否以商品和劳务交换为标准)，将其分为购买性支出和转移性支出。购买性支出首先是指政府直接进入市场购买基本公共产品或服务所需的支出，其次如公务员的工资和办公用品支出。转移性支出是指政府把通过税后获得的财政收入以公共支出的形式转移给企业或个人的那部分支出，如财政补贴、社会保险及社会救济等方面的支出。因而转移性支出又称无偿支出、补助支出，是政府无偿的、单方面的支出，其实质是国民收入的再分配。本研究重点探讨的地方政府如何规范、合理地补贴职业体育俱乐部的问题属于财政补贴支出范畴，在此主要介绍财政补贴支出的内涵。财政补贴支出就是政府部门支付给企业或个人，能够改变生产要素或产品价格相对水平的无偿支出[121]。财政补贴支出能够弥补企业较强的正外部性效益导致的经营性亏损，给某些消费项目的消费者发放现金补贴，以低于市场价格的定价出售某些产品或服务且能够促进消费及社会公平。税收支出是一种间接的财政补贴支出，即通过减税、免税、返税等一系列税收优惠方式实现公共支出。政府为何要安排财政补贴支出，很重要的一个原因是正外部性效益内部化的需要，以激励企业和个人将正外部性效益发挥至最优水平。

2.2.3.3 公共支出的成本-效益分析

成本-效益分析(CBA)是经济学中常用的分析工具，通过成本-效益的核算及比较分析，为决策主体提供可行的经济方案。成本-效益分析作为政府公共支出的一种分析决策工具，是从私人企业的成本-效益分析方法借鉴而来的。公共支出成本-效益分析的目标，是保证政府把有限的公共资源配置到相互竞争的公共项目中。它不仅为决策主体提供了充分的信息与资料，使决策具有相当程度的科学水平，而且增强了公共支出的选择性，改善了财政预算决策的效益水平。由于公共项目繁多且其效益表现形式也各不相同，公共支出成本-效益分析的困难复杂程度比私人企业大很多。因而，公共支出成本-效益分析需要结合定量分析与定性分析，发现和比较那些需要加以考虑的因素，并尽量通过精确量化的手段估算某项目支出会损失多少、收益多少，以此衡量该项目支出是否值得。如政府在修建一座大坝时，不仅要考虑该项目的营利能力，而且要考虑大坝建成后对生态的影响，以及可能形成旅游点等诸多因素。然而，政府在进行成本-效益分析时，由于其投入、产出并不是通过市场进行的，很多情形下，市场价格是不存在的，如社会效益，因此难以使用市场价格工具评估项目。鉴于社会效益难以用市场价格衡量，非市场价格衡量工具被创造出来：

(1) 影子价格，即指那些无价可循或有价不当的商品或劳动所规定的一个比较合理的替代价格。这种价格并不真正存在于市场上，它只是一种社会价格。影子价格存在的原因，一是因为某些商品本身就不存在价格，如雾霾治理、公园建设带来的好处，二是现实中的市场缺陷（如垄断、外在性等）扭曲了正常的市场价格，因而政府的公共支出干预也不可能完全用市场价格来分析。

(2) 社会贴现率。贴现是指以未到期的票据向银行提取现金，银行按市场利息率扣除利息，然后将票面余额以现金形式支付给使用者；贴现率为贴现利息同期票票面额的比率。政府部门所采用的贴现率一般称为社会贴现率，鉴于市场利率并不能完全反映公共支出的社会机会成本和效益的相对价值，社会贴现率的选择必须考虑三个因素：一是支出项目所产生的经济影响；二是不同人群对同一公共产品的福利观与评价的差异；三是福利分配的跨代影响。

2.3　本章小结

对职业运动队质疑的经济学家试图以多种方式衡量职业运动队老板及其补贴支持者所宣称的经济效益，结果一致性表明，职业运动队对当地经济产生的影响是微不足道甚至是负面的，即职业运动队不能有效促进地方经济发展、人均收入增长、税收收入增加，以及创造就业机会难以证明地方政府补贴的合理性。经济影响的实质是替代效应或经济再分配效应而非实际增长，职业运动队只是重新调整了现有的休闲支出结构，而这种调整对经济没有积极的影响。基于经济效益理由的地方政府补贴遭到了普遍的质疑与批判后，地方政府补贴理由从经济效益转向职业体育生产与消费所带来的无形效益或正外部性效益。正外部性效益补贴理由的研究者认为，职业运动队存在的重要性不在于其经济效益，正外部性效益才是证明地方政府补贴职业运动队合理性的关键因素。由于正外部性效益具有公共产品的非竞争性属性且无有效排他技术或手段，不能在市场上进行交易，无法用传统的市场估值方法来进行衡量。CVM 的引入破解了正外部性效益难以货币化的难题，职业体育俱乐部非市场价值评估成为可能。现有职业体育领域的 CVM 应用研究起初旨在评估职业体育俱乐部的无形效益或公共产品价值，以衡量这些非市场价值能否超过或达到地方政府补贴金额。研究结果存在不一致的现象，大多研究证明无形效益价值或公共产品价值未能超过地方政府补贴金额，相关作者也给出了缘由，主要是被评估的职业运动队影响力太小（小联盟运动队）、调查区域偏小、边际效用递减、俱乐部成绩差、经济危机等。此外，CVM 自身存在的偏差问题也是一个非常关键的因素。

与此同时，各研究也认为无形效益或公共产品价值足以成为地方政府补贴职业运动队的一个重要依据。

萨缪尔森公共产品理论存在一定的局限性，难以全面解释现实中复杂的公共产品现象，“非排他性与非竞争性”的公共产品界定标准遭到了部分学者的质疑。非竞争性由公共产品的自身特征决定，不会因为外部条件的变化而改变；而非排他性则取决于排他技术与成本、制度安排、排他意愿等外部因素，是私人部门能否通过市场机制提供公共产品的关键。因而，非竞争性对公共产品的界定依然有着较好的解释力与判断力，不能因其存在局限性而摒弃。“非竞争性”与“社会共同需要”相互补充的界定标准可以全面合理地对公共产品做出判断。因而，本书在第 4 章中的职业体育俱乐部产品属性解析，将结合“非竞争性”与“社会共同需要”展开讨论。公共产品具有特殊的正外部性，即正外部性能使每个人受益并具有非竞争性的公共产品属性且无有效排他技术或手段，这样显得公共产品与外部性的界限比较模糊。但二者还是有所区分的，正外部性存在于决策外部，只是厂商与个人自利行为的副产品。财政补贴或税收优惠是正外部性内部化的一种政府行为，以激励厂商和个人将正外部性发挥至最优水平。公共支出的目的在于满足社会共同需要，必须体现公共性与福利性，而职业体育俱乐部正外部性效益因具有非竞争性的公共产品属性且无有效排他技术与手段，可被视为俱乐部向社会提供的公共产品，使每个人受益。地方政府对职业体育俱乐部的补贴资金来源于公共财政收入，补贴的范围与金额应根据公共支出原则、当前政府职能与目标、实际财政状况，通过成本-效益分析合理有效地使用公共资金，进而促进经济发展和社会福利增长。职业体育俱乐部经济效益的质疑与批判研究的回顾，正外部性效益补贴理由的审视，职业体育领域 CVM 应用研究的评述，以及公共产品理论、外部性理论及公共支出理论的梳理与修正，将为本研究理论框架的构建、CVM 应用实证分析，以及我国地方政府如何补贴职业体育俱乐部奠定理论基石并提供实践参考。

第3章 非市场价值评估工具:CVM

3.1 CVM概述

CVM于20世纪60年代首次应用于森林户外休闲娱乐效益的估算[33],随后被广泛应用于环境资源或公共产品领域。CVM是一种基于福利经济学理论的调查工具,以效用最大化为原理,对难以在市场上进行交易的环境产品、自然资源或公共产品,通过模拟市场交易,以问卷调查形式获取受访者为了获得一定效用而提供的最大WTP或因为放弃一定效用而希望获得的最小WTA,以此为依据估算研究对象的非市场价值[30]。该方法被称为CVM,是因为要求受访者根据假设情境中的虚拟市场和有关非市场产品正外部性效益的描述,提供所述的WTP[31]。CVM的虚拟市场特性决定其不可避免地存在偏差问题,各种偏差(信息偏差、引导技术偏差、假想偏差、起点偏差、抗议性偏差、策略偏差等)使得调查结果的有效性与可靠性受到质疑,但通过精心的问卷设计和有效的调查实施能够纠正各种偏差,故如何避免各种偏差问题成为CVM应用研究的关键。

有研究总结出CVM应用研究大致经历了三个时期[122]:第一个时期(1943—1989年),从该方法的起源到埃克森·瓦尔迪兹号事故,CVM作为揭示偏好方法[如旅行成本法(TCM)]的一种替代,特别是在户外娱乐领域受到广泛应用;第二个时期(1989—1992年),埃克森·瓦尔迪兹号油轮泄漏事件后的广泛争论激发了对陈述偏好非市场价值评估技术的理论和实证的深入研究,特别是实证结果的有效性与可靠性研究;第三个时期(1992年至今),CVM作为一种非市场价值评估方法得到充分肯定,学术和政府层面都不质疑其研究结果的有效性与可靠性。而在整个CVM应用研究历史中,1992年是一个关键节点。1992年,由埃克森石油公司赞助的学术会议对CVM进行了公开批判,反对者宣称CVM在损失评估或政府决策层面参考CVM应用研究的结果是错误的[32]。同年,美国国家海洋和大气管理局(NOAA)成立由诺贝尔奖获得者

Arrow 和 Solow 牵头的“蓝带小组”对关于 CVM 所有理论与实证研究进行了总结，认为 CVM 应用研究可以得出可靠的估计值，足以作为司法部门或行政部门确定自然资源损害赔偿的判断依据，并制定了一套 CVM 应用研究指南，以确保研究结果的有效性与可靠性，这套指南对以后 CVM 的广泛应用具有极其重要的意义[123]。

CVM 被公认为非市场价值评估相对理想的工具，并被广泛应用于公共产品和环境资源领域。CVM 引入职业体育领域使正外部性效益的货币化成为可能，美国研究应用 CVM 估算出职业体育俱乐部的非市场价值与地方政府补贴金额进行比较，以证明地方政府补贴职业体育俱乐部的合理性。多数研究结果表明非市场价值低于补贴金额，但并没有就此否认以正外部性效益及其非市场价值作为补贴的理由与依据，认为是调查范围偏小或者 CVM 自身的偏差导致的[51-54]；也有研究表明非市场价值远远超过了政府的补贴金额，能够证明地方政府补贴的合理性，并指出假设情境中虚拟市场的可靠性对 WTP 产生极大影响[55-56]。欧洲研究既有将非市场价值作为主场城市的成本-效益分析的关键因素[57-58]，也有注重于 WTP 影响因素的分析，如职业体育俱乐部成绩（夺冠）、总体经济状况（经济危机）等外部因素对 WTP 的影响[59-60]。

3.2 CVM 的经济学原理

CVM 是一种陈述偏好的方法，利用效用最大化原理，以消费者效用恒定的福利经济理论为基础，通过构建虚拟市场询问消费者对公共产品（服务）改善的最大 WTP 或接受公共产品（服务）损失希望获得的最小 WTA。虽然单个消费者的 WTP 或 WTA 为随机变量，但总体却呈现某种累积分布函数的特征，据此可估算公共产品（服务）改善或损失的货币价值（非市场价值）。以职业体育俱乐部正外部性效益的消费为例，假设消费者在正外部性效益 Q_0 与收入水平 Y_0 时，其个人效用水平为 U_0，最佳消费组合如图 3-1 的 A 点。此时，消费者在拥有 Y_0 收入水平下，享受俱乐部产生的正外部性效益水平为 Q_0、效用水平为 U_0。如果消费者要享受更高水平的正外部性效益 Q_1，在收入等其他条件不变的情况下，最佳消费组合将从 A 点移动到 B 点，效用水平随之提高到 U_1。为此消费者必须支付一定货币量 Y_0-Y_1 来维持 Q_1 水平正外部性效益，即图中线段 BC。由于 C 点和 A 点位于同一条无差异曲线 U_0 上，C 点和 A 点效用水平相同。那么，Y_0-Y_1 则表示为了促使正外部性效益水平从 Q_0 提升到 Q_1，同时在维持效用水平不变的情况下消费者的 WTP。

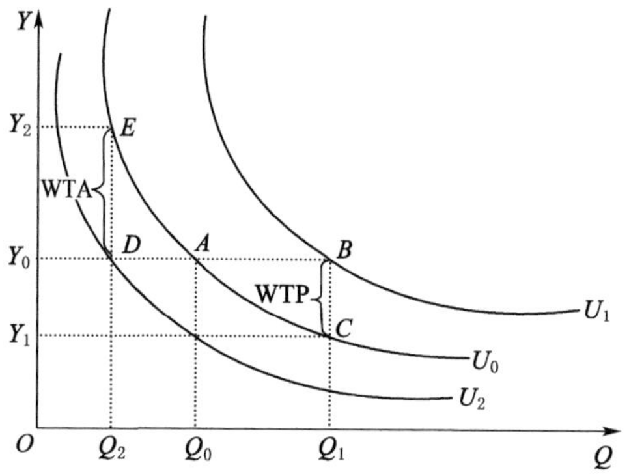

图 3-1　CVM 的经济学原理

相反，当正外部性效益水平由 Q_0 下降到 Q_2，消费者的福利水平将从 A 点移动到 D 点，效用水平由 U_0 下降到 U_2，由于 E 点和 A 点在同一条无差异曲线 U_0 上，两点效用水平相同。那么，Y_2-Y_0 表示在正外部性效益水平下降的情况下，为维持效用水平不变，消费者愿意接受的最小 WTA，即图中线段 DE，E 点表示消费者拥有更高收入 Y_2 却享受较低水平的正外部性效益。

3.3　CVM 的潜在偏差与干预

3.3.1　WTP 与 WTA 的差异

CVM 通过 WTP 或 WTA 调查来评估公共产品的非市场价值，原则上 WTP 与 WTA 对公共产品个人偏好的反映应该是一致或近似的。但当前 CVM 应用实证研究中，同一公共产品的 WTA 与 WTP 值很少出现一致性，往往表现出很大的差异性。那么 WTA 与 WTP 的差异究竟有多大？国外关于 WTP 与 WTA 的差异性研究开始于 20 世纪 70 年代，Hammack 等[124]首次通过实证研究对 WTP 与 WTA 进行比较，结果发现 WTA 要比 WTP 高出 3.2 倍（WTP 为 247 美元，WTA 为 1 044 美元）。Hanemann[125]实证得出 WTA 值比 WTP 值大 5 倍。一些实证研究结果表明，同一公共产品的 WTP 和 WTA 之间的差异范围可以小到 2.4 倍、大到 61 倍[126]。与国外相比，国内关于 WTP 与 WTA 差异性的实证研究起步较晚，张翼飞[64]、李国平等[127]、党健等[128]、徐大伟等[129]、刘亚萍等[130]实证研究得出的 WTA 与 WTP 的比值分别为 12.6、36.7、10.5、2.4、12.8。

为何同一公共产品，WTP 与 WTA 之间会存在如此大的差异？到底用 WTP 还是 WTA 来推导公共产品的非市场价值呢？Venkatachalam[131] 对 CVM 应用研究的文献进行回顾，认为 WTP 与 WTA 之间的显著差异是由许多不同的因素引起的，如“收入效应”“替代效应”“期望理论”“赋予效应”“损失厌恶”“熟悉度”。WTP 和 WTA 之间的差异首先归因于“收入效应”[132]，WTP 会受到收入的约束，而 WTA 不会。除了“收入效应”，“替代效应[133]”也可以解释 WTP 和 WTA 之间的差异，WTP 和 WTA 值之间的差异可以从 0 到无穷大，取决于产品之间的替代程度。实证研究发现替代效应减少了 WTP 和 WTA 之间的差异，但不能完全消除差异[134]，这意味着 WTA 和 WTP 差异还有其他因素。“期望理论”[135] 指出，对于同一产品的收益和损失而言，消费者损失减少的效用大于收益增加的效用，所以针对某一产品，期待以较低的价格购买而失去某产品时，则期待较高的价格补偿。这一现象也可以用“损失厌恶”[136] 来解释，即一定量的损失导致的效用降低要大于相同的收益带来的效用增加。因此，人们在决策过程中对利害的权衡是不均衡的，对“避害”的考虑远大于对“趋利”的考虑。因而出于对损失的担忧，人们在出售商品时往往索要过高的价格。“禀赋效应”[137] 解释了 WTA 和 WTP 的差异，当个人一旦拥有某产品，那么他对该产品的估值要比未拥有之前大大增加，即人们对损失估值要高于等量所得。因此，当越是要求某人放弃某产品时，此人越是要求得到更高费用的补偿。除了理论角度的解释，调查过程中对待评产品的“熟悉度”[138] 也会导致 WTP 和 WTA 的差异，在对估值产品不熟悉的情况下，为避免高估而后悔，消费者往往会低估该产品的价值，即降低 WTP 值；而对于生产者而言，为避免低估而给自己带来损失，往往会高估该产品的价值，即抬高 WTA 值。同时在反复试验后发现 WTA 值逐渐下降，而 WTP 值比较稳定。这个发现支持了 Hoehn 等[139] 的观点，即对于那些缺乏时间来熟悉产品的人来说，WTP 和 WTA 之间的差异会更大。

以上关于 WTP 与 WTA 之间的差异以及影响因素的分析表明，二者之间的显著差异已经成为 CVM 应用研究中公认的现象。由于 WTA 值存在夸大产品价值的嫌疑，往往比 WTP 值大几倍甚至几十倍，WTP 值比 WTA 值更能接近产品的真实价值；从二者差异的影响因素来看，选择 WTP 比 WTA 更科学合理，更能提高研究结果的有效性与可靠性，因而在实证研究中基本选择 WTP 来估算非市场价值。但并非所有的 CVM 应用研究都可以选择 WTP，当森林资源的经济用途从经济林转变为生态公益林时，对森林资源的所有者调查只能选择 WTA 而非 WTP[65]。换句话说，当调查对象为生产者时使用 WTA，为消费者时使用WTP。

3.3.2 引导技术偏差

在CVM应用研究中,WTP引导技术(问题格式)是其中的关键环节,决定着价值问题的提出方式和评估模型的具体形式,直接影响到非市场价值评估结果的可靠性和准确度[140]。CVM应用至今,先后开发出多种不同类型的WTP引导技术,从变量类型的角度可分为连续型技术(重复投标博弈、开放式、支付卡式)和离散型技术(单边界二分式、双边界二分式、三边界二分式、多边界二分式)。

连续型引导技术操作简单,且对WTP均值计算的统计技术与数学基础要求不高,在CVM实证研究早期被广泛应用。然而经过大量的实证研究发现,连续型引导技术存在不同的技术缺陷,如重复投标博弈反复询问受访者的WTP,直到逼近真实的投标值,事实上不断重复提问极易使受访者滋生厌烦情绪而给出虚假回答。开放式问题格式令受访者可以根据自身福利改善而自由填写WTP投标值,由于非市场产品难以在市场上进行交易,一般受访者不具备为其估价的经验,加之不熟悉CVM的经济学原理,无法准确估计自己最大的WTP,或因为个人好恶故意夸大或缩小WTP,或抗议性零支付与不回答。支付卡式是开放式问题格式的改进,让受访者通过事先设计好的支付金额选择符合自己心理预期的WTP,在一定程度上降低了受访者估值不准的难度,解决了抗议性零支付或拒绝回答的问题,但事先设计的投标值有可能低于受访者的预期报价,或者对受访者产生某种潜在的暗示作用。由于连续型引导技术存在不同程度的缺陷,当前的CVM应用研究中较少采用,但会在预调查中使用开放式或支付卡问题格式获取WTP投标值范围(投标值的上、下限)。

离散型引导技术采用二分式问题格式,通过模拟非市场产品的交易决策过程,只要求受访者就某一具体投标值做出"是"或"否"的选择。这种方式如同实际市场的产品购买决策过程,避免了受访者因重复投标博弈产生厌烦情绪,同时降低了在不熟悉评估对象情况下的估价难度,还能在一定程度上提供讲真话的激励,有利于提高问卷的可靠性与可行性,优于连续型引导技术。这种问题格式获得的WTP精确性也比支付卡式和开放式问题格式要高,但依然可能存在设计的投标值低于受访者心理期望的报价。针对这个问题,已有研究通过采取预调查的方式获取较为准确的投标值范围,或在设计的投标值后附加一个开放式题项供受访者自由报价以避免投标值低于受访者心理预期报价。Bishop等[141]1979年开发出二分式问题格式,并在Hanemann[142]建立二分式问题格式与支付意愿的函数关系之后得到了广泛应用，成为 CVM 支付意愿调查的标准化引导技术。由于对“是”和“否”的回答结果是一种离散变量，因此需要反映离散的 Probit 和 Logit 模型来定量这种问题[143]。二分式问题格式依据投标边界差异可划分为单边界二分式、双边界二分式、三边界二分式和多边界二分式四种类型。单边界二分式问题格式中，受访者被问及是否愿意为获得一定禀赋的非市场产品支付事先设计的投标值 bid_0。双边界二分式问题格式中，继初始投标值 bid_0 之后，依据受访者的回答展开二次投标。如果受访者回答是肯定的，那么将被问及一个较高的投标值 bid_u；如果回答是否定的，将被问及一个较低的投标值 bid_d。三边界二分式和多边界二分式 WTP 引导机理可依次类推。单边界与双边界二分式引导技术的差异在于双边界二分式的 WTP 估计精确性更强，增加了一次询问，可获得受访者关于 WTP 的更多信息。

从逻辑上讲，无论是连续型引导技术还是离散型引导技术，评估同一非市场产品，所得结果应该相同或至少相近。但对不同引导技术的实证研究表明，二分式问题格式与开放式问题格式评估结果差距悬殊，Brown 等[144]研究发现，无论是私人产品还是公共产品，二者比值介于 1～5 之间。Schulze 等[145]通过对大量实证文献回顾发现，二者评估结果存在巨大差异，比值介于 1～72.9 之间。Kealy 等[146]通过对私人产品与公共产品的二分式与开放式问题格式的比较发现，私人产品的 WTP 并无显著性差异，而公共产品的 WTP 却存在显著性差异。如何解释不同引导技术的评估差异是 CVM 理论和实践工作者必须直面的问题。

3.3.3 信息偏差

CV 结果的有效性主要取决于通过假设情境描述向受访者传递的信息水平，假设情境描述包含两个要素，被评产品核心信息（如结合图片和文字体现产品核心信息的“可见性”）和被评产品价值提升信息（产品质量改善或数量增加）[147]。被评产品核心信息包括三个方面：① 待评产品信息；② 预算约束与告知其他受访者的 WTP 或 WTA；③ 与待评产品相关的替代品和互补品的信息。Whitehead 等[148]对此进行了实证研究，选择西肯塔基煤田最大的湿地——克利尔克里克湿地进行研究，同时选择一个再生湖作为互补品，另一个湿地作为替代品。研究发现相关替代品或补充品的信息提示会影响 WTP，即缺乏替代品信息则会高估 WTP 值，缺乏互补品信息的提醒则会低估 WTP 值。Neill[149]和 Ajzen 等[150]也证明了预算约束和替代品的信息提示会影响 WTP 值。

关于这一问题的 CV 研究也有相反的结果。Loomis 等[151]研究了俄勒冈州北部猫头鹰重要栖息地的300万英亩古森林防火和控制程序使用的非市场价值。为了检验信息效果,在调查过程中对受访者进行了干预,一半的受访者在回答之前收到有关替代品和收入限制的信息提示,另一半受访者在回答之后收到有关替代品和收入限制的信息提示。结果表明,两部分受访者给出的WTP值之间没有差异,这意味着替代品与收入限制的信息提示对WTP值没有影响。作者对此进行了解释:① 受访者在提供其WTP值时可能已经考虑到了预算限制和相关替代品;② 受访者面对假设情境时可能没有充分考虑清楚消防项目的价值;③ 受访者可能根本就没有思考过消防项目的价值。虽然Loomis等研究得出了相反的结果,但根据其原因解释,本研究认为预算约束和相关替代品的信息提示是否会对WTP值产生影响,取决于受访者对被评估对象的了解程度,如果对被评估对象欠了解,受访者根本就不会根据信息提示报出WTP值。所以在CV问卷设计时,提供待评产品充分详细且易于理解的信息十分关键,只有在信息完全的状态下,受访者的支付意愿才能真正反映其偏好。

3.3.4 假想偏差

CV调查的虚拟市场本质上是假设的,因而可能会引起一种被称为"假想偏差"的偏差[152],这种偏差为实际支付和假设支付之间的潜在差异。一些CVM应用实证研究发现,假设WTP值大于实际WTP值。如Duffield等[153]在一项实验中估算了维持河流流量以保护两种珍稀鱼类的WTP,使用两个独立的样本来估算被保护鱼类的非使用价值。一个样本组的受访者被要求陈述对蒙大拿州自然保护协会(维持河流流量的机构)的假设WTP,另一个样本组的受访者被要求WTP进行实际支付,结果表明,假设WTP值超过了实际WTP值。在Seip等[154]的研究中,假设的WTP值与实际支付的WTP值来自一个样本组,首先要求受访者陈述挪威环境组织会员费的假设WTP,然后要求受访者对会员费进行实际支付,结果显示假设的WTP值大于实际的WTP值。Neill等[152]进行了一项两件私人产品的实验,一件是印第安纳瓦霍人艺术家的水彩画,另一件是16世纪的世界地图,以CV调查的方式获取假设WTP与如果向受访者提供产品的实际支付,结果显示,假设的WTP值显著且始终高于实际的WTP值。Foster等[155]比较了对环境保护的实际捐赠和来源于英国6个环保项目CV研究的假设WTP值,结果发现实际WTP值与假设WTP值存在差异,假设WTP值大于实际WTP值。Brown等[144]在实验中对假设情境和实际支付情境采用二分式和开放式引导技术获取WTP值,以了解拆除美国大峡谷废弃道路志愿工人的食品供应费用。结果显示:实际支付情境中(受访者被要求向“大峡谷国家公园管理局”开一张支票)，二分法引导技术的 WTP 均值为 7.22 美元，开放式引导技术的 WTP 均值为 4.62 美元，二者比值为 1.6；假设情境下，二分式引导技术的 WTP 均值为 47 美元，开放式引导技术的 WTP 均值为 19 美元，二者比值为 2.5。

以上研究表明假设 WTP 值高于实际 WTP 值，但需要注意的是，这些研究采用的都是实验法，并且有的研究评估对象为私人产品。而实验法存在一定局限性：一是参与实验的学生不能真正代表普通人群，因而研究结果缺乏说服力。二是有的研究评估对象为私人产品，那么研究结果对于公共产品的问题解决可能不具有参考性。三是实验对象在调查前会得到一定资金，这样就不存在任何预算限制，而实际市场中，个人的 WTP 受到收入的约束。四是受访者对待评产品的熟悉度能够对最小化假想偏差起到很大作用，即受访者越熟悉待评对象，假想偏差就越小[156]。尽管相关假想偏差实证研究结果不那么完美，但假想偏差在 CV 调查中是真实存在的，必须采取一定措施进行干预。首先，尽量避免在实验中以学生为实验对象；其次，CVM 主要应用于难以在市场上进行的公共产品的非市场价值评估，要避免以私人产品作为评估对象；再次，在实验中，不要为实验对象提供任何资金；最后，尽量让受访者熟悉待评产品，减少因不熟悉待评产品而导致假想偏差的扩大。

3.3.5 策略偏差

策略偏差是 CV 调查中受访者为实现个人目的而故意低估或高估实际 WTP 所导致的偏差，策略行为有两种形式，即“搭便车”和过度支付[156]。一方面，当某个人低估了对公共产品的真实 WTP 而期望他人会为该产品支付足够的费用，目的是在公共产品消费时“搭便车”。另一方面，当某个人认为其所陈述的 WTP 将影响被评产品的供给时，并且认为 WTP 不会成为未来定价政策的依据，过度支付便会发生。有实证研究通过供水服务质量改善的 CV 调查实验证明策略偏差的存在，给予实验组样本家庭一天的时间考虑供水服务质量改善的 WTP，而不给予对照组样本家庭时间考虑，结果表明给予时间考虑的实验组样本家庭的 WTP 值小于不给予时间考虑的对照组样本家庭，这意味着有时间考虑的家庭采取了策略行为(低估了实际 WTP)，并认为他们报出的 WTP 值会成为将来供水定价政策的依据[157]。

然而，专门针对策略偏差的 CV 研究很少，是因为许多 CV 研究认为策略偏差不是 CV 实验中的一个主要问题[158]。根据 Mitchell 等[156]的观点，以下原因使受访者的策略行为难以形成：① 策略行为的信息需求量很大(一般受访者信息掌握量有限);② CV 调查的样本数量大,个体的策略行为难以影响总体结果;③ 调查中对受访者预算约束的提示,在一定程度上避免了 WTP 的高估;④ 受访者认为不会提供被评估产品,因而不会低估 WTP。此外,激励相容的引导技术(例如二分式问题格式)可以最小化策略偏差的影响[159]。Mitchell 等[156]建议 CV 问卷设计应避免给具有策略行为的受访者提供任何"暗示";采取大样本以降低受访者策略行为对调查结果的影响程度,甚至可以忽略其影响。

3.3.6 嵌入效应

嵌入效应又称部分-整体偏差、分解偏差、范围效应[156,160-161],是指当某一产品的 WTP 值与更大范围产品的 WTP 值几乎没有差异时,嵌入发生[162]。Kahneman[163]关于湖泊鱼类保护的 CV 研究结果显示,安大略省(更大区域)所有湖泊净化的 WTP 值仅略高于一个地区(较小区域)所有湖泊净化的 WTP 值。Desvousges 等[164]通过候鸟实验论证是否存在嵌入效应,在佐治亚州亚特兰大的两个购物中心进行了三种不同假设情境的问卷调查:防止石油泄漏避免水鸟死亡的数量为 2 000、20 000 或 200 000(仅在数量上有所不同);通过保护 250 000 个池塘防止水鸟死亡的百分比为远远低于 1%、小于 1%和 2%以上(仅比例不同)。防止石油泄漏和保护水塘情境下三种情况的 WTP 值(开放式问题格式)没有显著差异,说明存在嵌入效应。

那么,CV 调查中嵌入效应是如何产生的?首先,边际效用递减可以部分解释嵌入偏差的存在,即个人的边际效用会随着其消费产品数量的增加而下降,然而实证证据表明两种不同产品数量的 WTP 值近似相等,且无显著性差异[160]。其次,嵌入效应是因为 CV 调查中对产品假设情境描述的方式导致的,情境描述不便于受访者在所描述的不同数量的产品之间作出任何实际区分、在调查中使用方便抽样(如在购物中心拦住受访者并询问 WTP)和容易产生不可靠结果的自填问卷等被认为影响 CV 结果的有效性[160]。再次,调查问卷设计不合理、调查实施不当、抽样程序不规范、受访者对调查问题的理解不力等根本缺陷也是嵌入效应存在的常见原因[165]。因而,Mitchell 等[156]建议,完善调查问卷设计,提醒受访者包含待评产品在内的更大范围产品的存在,使用文字和图片相结合的方式描述假设情境,给受访者提供修正 WTP 的机会等措施,都可以使 CV 研究中的嵌入效应最小化。NOAA 建议每项 CV 研究都应该使用"范围测试"来评估结果的有效性,以避免嵌入的影响[123]。

除了以上几个主要方面的偏差,还存在起点偏差(过高或过低的初始投标值不符合受访者真实的支付意愿)、支付方式偏差(不恰当的支付方式引起的过多抗议支付问卷)、抗议性偏差(受访者对支付方式或虚拟市场不满引起的抗议性零支付,主要存在于开放式问题格式)、停留时间偏差(问卷填写时间过长使受访者产生厌烦情绪引起的偏差)等。这些偏差可以通过预调查、双边界二分式引导技术以及优化问卷设计来避免。CVM 的假想特征决定了其偏差不可避免地存在,调查结果的有效性与可靠性取决于虚拟市场的模拟效果,因而有效避免各种偏差成为 CVM 应用研究的关键。

3.4 CVM 应用研究指导原则

有学者和机构针对环境评估的 CVM 应用指导原则进行了分析与总结,其中大部分原则对其他公共领域的 CVM 应用研究具有较强的指导意义。Cummings 等[138]在审视 CVM 存在的偏差问题后,制定了环境评估的五个操作参考条件:① 待评环境产品是大家熟悉的;② 受访者应具备环境变化的估值经验;③ 假设情境不应具有高度的不确定性;④ 不使用 WTA 构建虚拟市场;⑤ 使用价值的估算可能比非使用价值更准确。

Bateman 等[166]提供了一份更为全面的环境评估的 CVM 应用指导原则:① CV 调查对象应该是受访者熟悉的产品;② 假设情境应该切合实际、清楚易懂并十分明确;③ 避免使用 WTA 构建虚拟市场;④ 支付方式应切合实际;⑤ 使用价值的估算可能比非使用价值更准确;⑥ 使用开放式和二分式问题格式提供较低和较高的投标值边界;⑦ 调查应该询问行为意向而不是行为态度;⑧ 假设情境应根据行为进行设计;⑨ 信息全面准确,并与没有任何信息提示的对照组进行比较,评价全面准确的信息对结果的影响;⑩ 应包括减少部分-整体偏差的具体问题;⑪ 样本必须具有统计显著性;⑫ 避免起点偏差;⑬ 避免通过信息、问卷或调查员提供任何直接或间接价值的线索;⑭ 慎重选择调查方式(面对面或远程邮件),并确保抽样人群准确;⑮ 受访者对待评产品具有一定估值经验时,CVM 将发挥最佳作用;⑯ 正式调查采用二分式问题格式,最高投标值的拒付率接近 100%,最低投标值的接受率接近 100%;⑰ 分析员应慎重考虑异常值的去除和修正方法;⑱ 告知受访者,他人付款是强制性的,可能会减少拒答现象,但也可能导致“搭便车”和策略性投标的增加;⑲ 数据汇总过程中需十分谨慎;⑳ 对投标值函数模型进行效度检验;㉑ 在可能的情况下,通过重测来评估可靠性;㉒ 全面报告所有结果,包括所有样本统计数据、所提供信息的详情以及完整问卷的附件。

NOAA成立的“蓝带小组”评估了应用CVM估算非使用价值的可靠性,得出结论:如果CVM应用研究遵循专家组的指导原则,可以确保估算非使用价值的有效性与可靠性。应遵循的指导原则为:① 损失评估研究采取概率抽样;② 尽量减少拒答;③ 采取面对面的调查方式而非邮件或电话调查;④ 进行预测试避免调查者偏差;⑤ 报告抽样总体、抽样框、样本拒答率等;⑥ 问卷正式发放前进行预调查;⑦ 回答不明确时使用保守值;⑧ 选择WTP而非WTA;⑨ 使用全民投票的格式而不是开放式问题格式;⑩ 准确描述方案或政策;⑪ 结合图片描述假设情境;⑫ 提醒受访者评估对象存在相关替代品;⑬ 确保调查和环境污染之间有足够的时间间隔,使受访者认为完全恢复损害是可能的;⑭ 询问“愿意支付”与“拒付”的原因;⑮ 提醒受访者有其他支出可能性。

可以看出,这些原则具有一般性,但也存在适用性问题。一是这些指导原则是针对环境评估(环境损害方面)总结而来的,二是针对发达国家的CVM研究而言的。因此,在其他公共领域,在发展中国家(与发达国家社会经济体制方面存在差异),研究者必须有选择性地应用这些指导原则。如根据NOAA的建议,选择WTP而不是WTA来衡量非市场价值,但也不是全盘地照搬照抄,如森林资源由经济林转变为生态林时,应使用WTA而不是WTP。换句话说当调查对象为生产者时使用WTA,是消费者时使用WTP。另外,发达国家的受访者相较于发展中国家而言,其估值经验要丰富些。借助Carson等[159]的观点,即使公共产品估值的所有相关问题都能克服,CV调查并非没有局限。因而,虽然CVM是衡量非市场价值相对理想的工具,但并不意味着可以不加选择地使用,CV调查应该恰当、谨慎地进行,否则CV结果将导致误导性的错误结论。

3.5 国外职业体育领域CVM应用研究案例分析

3.5.1 美国职业体育领域CVM应用研究的经验与不足

通过GOOGLE学术、百度学术、ResearchGate、Emerald、EBSCOhost、Elsevier等国内外学术搜索引擎及外文数据库检索发现,目前美国关于职业体育俱乐部非市场价值评估的CVM应用研究始于2000年,2009年之后的相关研究出现在欧洲国家及日本。美国职业体育俱乐部非市场价值评估的研究旨在衡量非市场价值是否大于地方政府补贴金额。如表3-1所示,依据WTP估算出的非市场价值(WTP总值)与地方政府补贴金额进行比较有两种结果:

① 非市场价值低于补贴金额[51-55]，但并没有就此否认以正外部性效益及其非市场价值作为补贴的理由与依据；研究结果偏低认为是 WTP 引导技术不当、调查范围偏小导致计算人口基数偏小、评估内容不全面、部分假设情境中的虚拟市场不符合现实、信息偏差等原因导致的。② 非市场价值远远超过了政府的补贴金额[56]，能够证明地方政府补贴的合理性，并指出假设情境中虚拟市场的可信性及 CVM 偏差问题的有效处理对 WTP 产生了极大影响。此外，美国学者研究通过现场观赛受访者的比例来区分使用价值与非使用价值，即使用价值为 WTP 总值乘以现场观赛受访者比例，WTP 总值与使用价值之差为非使用价值。由于欧美国家职业体育非常发达，城市居民的球迷化程度比较高，受访者中所给出的 WTP 中，既包含对现场观赛的使用价值，也包含从未到现场观赛所享受的"阅读相关新闻""谈论相关赛事"等公共产品的非使用价值。必须对使用价值与非使用价值加以区分，才能准确评估俱乐部的非市场价值。对于美国职业体育俱乐部非市场价值评估的 CVM 应用研究的经验与不足之处，总结如下。

表 3-1　美国职业体育俱乐部非市场价值评估中的 CVM 应用研究案例

研究案例来源	评估对象/内容/样本量/投标值	假设情境/虚拟市场	引导技术/调查范围/总 WTP 值	WTP 影响因素
Johnson 等[51]	NCAA 肯塔基大学篮球队(野猫队)/生活质量/229/1 美元、5 美元、10 美元、25 美元	NCAA 肯塔基大学篮球队(野猫队)在列克星敦人的生活中扮演着重要的角色，尽管大多数人从未观看过比赛。更高税收的情况下，在家庭预算内你愿意每年支付多少美元，帮助建造一座新场馆以留住野猫队	单边界二分法与支付卡式/列克星敦费耶特县/非使用价值：1 120 万～2 200 万美元(低于政府补贴)	主场观赛、公共产品(阅读、谈论、兴趣、生活质量)、人口统计学变量(性别、种族、年龄、居住时间、教育程度、收入)
Johnson 等[52]	NHL 匹兹堡企鹅队/生活质量、市民自豪感/226/1 美元、5 美元、10 美元、25 美元	企鹅队的主场是 NHL 最糟糕的球场之一，并且匹兹堡的市场相当小。新老板可能没有足够的资金为一支可能获得斯坦利杯的球队支付工资。如果找不到更具经济实力的当地投资者，这支球队可能会离开匹兹堡。如果匹兹堡市买下这支球队，它永远不会离开匹兹堡。但为了让市政府买下球队，还清债务，挑战斯坦利杯，估计匹兹堡每个家庭每年要缴纳一定的城市税。在你的家庭预算之内，每年愿意缴纳多少城市税以留在企鹅队	单边界二分法与支付卡式结合/匹兹堡大都市区/非使用价值：1 720 万～4 830 万美元(低于政府补贴)	支付金额、主场观赛、电视观赛、庆祝夺冠、公共产品(阅读、谈论、兴趣、生活质量)、人口统计学变量(家庭收入、受教育程度、性别、种族、年龄)

表 3-1（续）

研究案例来源	评估对象/内容/样本量/投标值	假设情境/虚拟市场	引导技术/调查范围/总 WTP 值	WTP 影响因素
Owen[53]	密歇根州底特律：老虎队（MLB）372、狮子队（NFL）372、活塞队（NBA）357、红翼队（NHL）357 与明尼苏达州明尼阿波利斯：双城队（MLB）578、森林狼队（NBA）469、维京人队（NFL）580/“大联盟城市”地位与市民自豪感	你的城市如果没有一座新场馆，球队就会搬迁。为留住一支职业运动队，你愿意支付多少金额来建设一座新场馆	开放式（自由填写金额）/密歇根州/8 540 万美元、9 200 万美元、3 780万美元（低于政府补贴）30 950 万美元（高于政府补贴）/明尼苏达州/8 030 万美元、10 320 万美元（低于政府补贴），28 580 万美元（高于政府补贴）	兴趣、主场观赛、人口统计学变量（性别、年龄、收入、居住地点）
Johnson 等[54]	NFL 杰克逊维尔美洲虎队/“大联盟城市”地位、生活质量、改善种族关系/765/5 美元、10 美元、20 美元、40 美元	职业橄榄球的历史告诉大家，自 1984 年起，NFL 球队已经有好几次搬迁到新的城市，未来十年美洲虎队的老板会将球队卖给另一座城市。假设杰克逊维尔市有实力收购一支大联盟球队，未来杜瓦尔县每个家庭需要为收购美洲虎队而负担增加的税收，你的家庭愿意每年在家庭预算内增加多少额外税收	单边界二分法与支付卡式结合/杰克逊维尔市杜瓦尔县/非使用价值 1 357 万～3 650 万美元（低于政府补贴）	支付金额、支付期限、现场观赛、“大联盟城市”地位、公共产品（阅读、谈论、收听广播）、人口统计学变量（年龄、收入）、改善种族关系、获胜共鸣
Swindell 等[55]	印第安纳波利斯小马队/自豪感、激情/850/80 美元、160 美元、40 美元	我们有兴趣了解印第安纳波利斯小马队的价值，请不要考虑球队所创造的就业或其他经济效益。我们希望您把注意力集中在您作为小马队主场的居民所感受到的满意感，以及由小马队为您创造的市民自豪感和兴奋的价值。你的家庭愿意支付每年 80 美元留住印第安纳波利斯小马队吗？如果是——假如支付总额每年是 160 美元，你的家庭愿意支付吗？如果不——假如支付总额每年是 40 美元，你的家庭愿意支付吗？如果不——把小马队留在印第安纳你愿意承担的支付金额是多少	双边界二分式/印第安纳州（中部、东北部、东南部、西南部）/6 630 万美元	性别、种族、家庭收入、现场观赛、居住时间、居住地点

表 3-1（续）

研究案例来源	评估对象/内容/样本量/投标值	假设情境/虚拟市场	引导技术/调查范围/总 WTP 值	WTP 影响因素
Fenn 等[56]	NFL 明尼苏达维京人队/生活质量、城市声誉/565/5 美元、15 美元、25 美元、100 美元	维京人队面临一个非常严峻的挑战，大都会球场威胁着球队的生存能力（限制了维京人队的收入，并很快导致球队失去竞争力）。同时维京人队老板曾公开表示，如果有合适的价格他将卖掉球队，届时球队能否留在明尼苏达将成为未知数。因而，如果有一个新球场，维京人队将不会搬迁。你愿意在每年的家庭预算中支付 X 美元，让一个新球场的建设成为可能吗	单边界二分式/明尼苏达州（受访居民一半来自明尼阿波利斯和圣保罗这两座城市，一半来自该州的其他城市）/7.56 亿美元（超过政府补贴）	支付金额、公共产品（阅读、讨论、兴趣和乐趣）、超级碗、支出、城市声誉、搬迁、人口统计学变量（性别、年龄、种族、婚姻、收入）

3.5.1.1　WTP 引导技术不当

开放式与支付卡式引导技术存在起点偏差、策略偏差、抗议性偏差，导致受访者给出的 WTP 值偏小。特别是开放式问题格式，由于没有可以参考的 WTP 投标值，对于不熟悉职业体育俱乐部正外部性效益的受访者会采取抗议性零支付或拒绝回答，或因为个人好恶故意夸大或缩小 WTP，进而导致评估结果的有效性与可靠性降低。调查范围基于全州城市的情况下，Owen[53]计算出维京人队 WTP 总值远远低于 Fenn 等[56]计算出的维京人队 WTP 总值，这与 Owen 使用开放式问题格式有很大关系。NOAA 提出在 CVM 应用研究中，开放式与支付卡式引导技术只应用于预调查，正式调查应使用二分式问题格式[123]。单边界二分式估算结果的精确性要优于开放式与支付卡式，但又略小于双边界二分式，故双边界二分式是最为理想的引导技术。但六项研究中只有 Swindell 等[55]使用了双边界二分式，可其投标值只有一组，难以覆盖受访者支付意愿范围，虽然双边界二分式后追加了一个开放式问题能够覆盖支付意愿范围，但也带来了策略偏差（故意拉高或降低支付金额）。

3.5.1.2　单边界二分式投标值设计不合理

Johnson 等[51-53]均采用单边界二分式作为引导技术，文献[51]、[52]中投标值设置为 1 美元、5 美元、10 美元、25 美元，文献[54]中投标值设置为 5 美元、10 美元、20 美元、40 美元，文献[56]中投标值设置为 5 美元、15 美元、25 美元、100 美元。其中只有 Fenn 等[56]的投标值是在预调查的基础上设置的，正式调查结果显示在 100 美元支付水平上有 33.33%的受访者愿意支付，说明 100 美元并没有达到投标值的上限,也说明四个投标值难以覆盖受访者的支付意愿。同时,Fenn 等[56]还指出更均匀分散的投标值才能确保投标值范围在一个合理的区间。综上所述,未进行预调查及投标值数量偏少难以确保投标值的设计能够覆盖受访者的支付意愿。

3.5.1.3 评估内容不全面并存在信息偏差

非使用价值(非市场价值)评估结果低于地方政府补贴的研究只评估了城市品牌效益、生活质量效益、自豪感、改善种族关系等其中之一或之二,未能充分挖掘职业体育俱乐部的非市场价值。六项研究中有四项研究都评估了生活质量效益,三项研究评估了城市品牌效益,两项研究评估了自豪感,说明生活质量效益、城市品牌效益是研究关注的重点,但忽略了自豪感等心理收入对居民主观幸福感的重要性。同时,美国研究中假设情境描述只包含模拟市场构建与预算约束提醒,对评估内容没有全面准确、清晰易懂的描述,导致了部分不熟悉俱乐部正外部性效益的受访者在调查过程中由于信息不对称而选择低估支付意愿。

3.5.1.4 部分研究虚拟市场构建不符合实际

美国研究构建的虚拟市场是:由主场城市购买球队以阻止球队搬迁,或建造一座新场馆来吸引或留住球队,然后询问受访者是否愿意增加税收以实现假定结果。而搬迁假设是否可信对调查结果有着很大的影响,实际上一支大学球队根本不会搬迁,NFL 美洲虎队并没有威胁说要搬到另一座城市,这样受访者并不会考虑他们会失去该球队的可能性。在 Fenn 等[56]的研究中,调查是在维京人队老板公开表示要卖掉球队之后进行的,有真实事件支撑的搬迁假设可信性较大,获取的支付意愿相对较高。

3.5.1.5 调查范围偏小导致计算人口基数偏小

非市场价值为 WTP 均值乘以调查范围内人口数量得出的 WTP 总值,对于中小城市的职业体育俱乐部来说,如果调查范围仅在主场城市或县城,最终的结果与大城市相比肯定小得多。Johnson 等[52]指出如果匹兹堡市的人口数量达到纽约或洛杉矶的人口规模,企鹅队创造的非市场价值就能超过匹兹堡新场馆建设的政府补贴。然而中小城市俱乐部的很多球迷来自主场城市周边的城市,有些州政府要给予俱乐部补贴就是基于这个原因。而 Fenn 等[56]得出的 WTP 总值之所以超过地方政府补贴,是因为 WTP 总值的计算是以全州城市人口为基数的。

3.5.1.6 WTP 影响因素逐渐全面

早期的研究只分析了人口统计学变量对 WTP 的影响,如性别、年龄、种族、受教育程度、收入、居住时间。随后的研究逐渐引入其他变量，如对俱乐部的兴趣、俱乐部的战绩、主场观赛、电视观赛、支付金额、公共产品、“大联盟城市”地位、改善种族关系、自豪感等。

3.5.2 欧洲职业体育领域 CVM 应用研究的经验与不足

关于职业体育领域的 CVM 应用研究，前期都集中于美国，欧洲职业体育俱乐部在很大程度上被忽视了。Castellanos 等[57]应用 CVM 估算了西班牙拉科鲁尼亚足球俱乐部对主场城市的经济价值（非市场价值），并指出非市场价值是成本-效益分析的关键因素，这是 CVM 在欧洲职业体育领域的首次应用。之后，职业体育领域相关的研究依然较少，对奥运会和世界杯等大型体育赛事的相关研究却多于职业体育。如表 3-2 所示，欧洲职业体育领域 CVM 应用研究中，评估内容趋于全面（包含了职业体育俱乐部为主场城市及其居民带来的城市品牌效益、生活质量效益、心理收入效益），假设情境中的虚拟市场和美国研究完全不一致，引导技术基本相似，无预调查，支付方式存在差异，存在只计算 WTP 均值而不估算 WTP 总值的现象，WTP 影响因素拓展至总体经济状况（经济危机）。此外，Castellanos 等[57-59]对使用价值与非使用价值进行了区分。总而言之，欧洲职业体育 CVM 的应用研究并没有照抄照搬美国，而是在其基础上进行了本土化，存在如下优缺点。

表 3-2 欧洲职业体育俱乐部非市场价值评估中的 CVM 应用研究案例

研究案例来源	评估对象/内容/样本量/投标值	假设情境/虚拟市场	引导技术/调查范围/总 WTP 值	WTP 影响因素
Castellanos 等[57]	西班牙拉科鲁尼亚足球俱乐部/生活质量、城市声誉、城市形象、自豪感/576/1 欧元、5 欧元、10 欧元、25 欧元	拉科鲁尼亚足球俱乐部可能因为财务危机破产解散，为避免俱乐部解散以及降级，拟成立一个市民自愿捐款基金。为了保持最近几个赛季的竞技水平，您愿意每年捐助 X 欧元吗？（单边界二分式）每年您最多愿意支付多少欧元（开放式问题）	单边界二分式与开放式结合/西班牙拉科鲁尼亚大都市区/非使用价值 590 万欧元；使用价值 413 万欧元。（非市场价值超过市场价值）	支付金额、家庭收入、现场观赛、电视观赛、公共产品（阅读、谈论、关注、生活质量）、庆祝、人口统计学变量（性别、年龄、教育程度）

表 3-2（续）

研究案例来源	评估对象/内容/样本量/投标值	假设情境/虚拟市场	引导技术/调查范围/总 WTP 值	WTP 影响因素
Castellanos 等[58]	西班牙拉科鲁尼亚足球俱乐部/生活质量、城市声誉、自豪感/739/1 欧元、5 欧元、10 欧元、25 欧元	当下，维持一支职业足球队的耗费非常高。假如我们想让拉科鲁尼亚队一直留在西甲联赛，建议成立一个市民自愿捐助基金，因为俱乐部的门票、电视转播权等经营收入不足以支撑俱乐部引进更多高水平球员。最坏的情况，俱乐部因财务困境而解散。为保持最近几个赛季的竞技水平，您愿意每年捐助 X 欧元吗？（单边界二分式）每年您最多愿意支付多少欧元（开放式问题）	单边界二分式与支付卡式结合/西班牙拉科鲁尼亚大都市区/非使用价值 290 万欧元/年；使用价值 64.5 万欧元/年	人口统计学变量（性别、年龄、受教育程度、家庭收入、居住地点）、现场观赛、电视观赛、支付金额、公共产品（阅读、谈论、关注、生活质量）、城市声誉
Castellanos 等[59]	西班牙拉科鲁尼亚足球俱乐部/生活质量、城市声誉/576/1 欧元、5 欧元、10 欧元、25 欧元	由于缺乏财力，拉科鲁尼亚市可能会失去拉科鲁尼亚足球俱乐部，为避免它解散，拟设立一个由市民自愿捐款的基金，以提高该俱乐部的竞技成绩。你每年愿意捐助 X 欧元，以保证拉科鲁尼亚足球队能够维持最近几个赛季的竞技水平吗？（单边界二分式）你每年愿意最多支付多少欧元（支付卡式）	单边界二分式与支付卡式结合/西班牙拉科鲁尼亚大都市区/2003 年 WTP 非使用价值 19.6 欧元，使用价值 13.8 欧元；2012 年 WTP 非使用价值 9.2 欧元，使用价值 15.8 欧元	人口统计学变量（性别、年龄、家庭收入、教育程度、居住地点）、主场观赛、电视观赛、公共产品（阅读、谈论、关注、生活质量）、城市声誉、支付金额、经济危机、夺冠
Wicker 等[60]	德甲 13 家、德乙 7 家、德丙 8 家共 28 家俱乐部/自豪感、社会凝聚力、愉悦、城市声誉、谈论/7 105/50 欧元、100 欧元、200 欧元、500 欧元、800 欧元、1 000 欧元、俱乐部成立年份的面值	负面假设情境：假设 XY 俱乐部有财务困难，决定发行球迷债券，以筹集足够的资金来达到联赛的财务审批标准，购买更优秀的球员以避免降级。每份债券将提供为期 5 年 5.5% 的利息，在 5 年结束时，本金利息可以全部赎回。你愿意从 XY 俱乐部购买多少球迷债券？正面假设情境：表述与负面假设情境的区别是发行球迷债券目的不一样，即发行球迷债券筹集引进新球员的资金，以增加俱乐部夺取冠军的可能性	支付卡式/正面情境总 WTP 值为 765 欧元；负面情境总 WTP 值为 736 欧元	人口统计学变量（性别、年龄、居住时间、受教育程度、收入）、主场观赛、电视观赛、兴趣、参与、快乐、悲伤、认同、城市声誉、球星榜样、讨论

3.5.2.1 研究目的明确

欧洲职业体育领域CVM应用研究的目的与美国不完全相同。Castellanos等[57-58]对职业体育俱乐部非市场价值的评估主要是为了进行成本—效益分析，这与美国的研究相似(证明非市场价值大于地方政府补贴的金额)。但Castellanos、Wicker等[59-60]的研究并不是为了进行成本-效益分析，而是旨在了解除受访者的社会经济条件等因素外，其他外部条件[如俱乐部成绩(如夺冠)或经济危机]对受访者WTP的影响，所以并没有计算WTP总值以衡量非市场价值。

3.5.2.2 虚拟市场构建本土化

欧洲研究认为美国研究构建的虚拟市场并不适用于欧洲的研究。一方面，欧洲国家国土面积小，城市数量不多，俱乐部数量基本能满足城市对俱乐部的需求，一些俱乐部球队的主场在小城市甚至镇里。如德国北莱茵-威斯特法伦州在科隆约100千米范围内至少有八家职业体育俱乐部。而美国城市数量多，俱乐部供不应求，所以城市之间对俱乐部竞争激烈，而且大多数俱乐部更倾向于驻扎在大城市[60]。另一方面，欧美职业体育联赛制度差异，美国采取封闭式的季后赛制度，欧洲采取开放式的升降级制度。美国俱乐部不需要考虑升降级问题，盈利是首要目标，如果不能盈利或利润降低，则会有搬迁的可能性。欧洲俱乐部面临升降级，俱乐部的首要目标是保级或夺冠。俱乐部一旦降级，收益就会受到很大影响，甚至有解散的可能性。据上所述，美国研究中阻止俱乐部搬迁的假设前提不适用于欧洲的研究，欧洲俱乐部不存在搬迁的问题。欧洲研究的虚拟市场则为：避免俱乐部降级解散，或提高俱乐部球队的竞技实力以增加夺冠的可能性。Castellanos等[57]提出的"留住一家职业体育俱乐部"，并不是阻止俱乐部搬迁，而是避免俱乐部因成绩差而降级，或因财务问题而解散。

3.5.2.3 WTP引导技术与投标值设置不当

欧洲职业体育领域CVM应用研究在WTP引导技术上，基本沿用了美国研究所采取的单边界二分式与开放式或支付卡式相结合的引导技术。Castellanos等[57]采取单边界二分式问题格式，之后再追加一个开放式问题格式以获得最大WTP。Castellanos等[58-59]在采取单边界二分式问题格式后，再追加支付卡问题格式获取受访者最大WTP。但这三项研究中单边界二分式问题格式的初始投标值只包含1欧元、5欧元、10欧元、25欧元4个初始投标值，数量上难以覆盖受访者支付意愿的范围，初始投标值不是在预调查基础上设置的。虽然在单边界二分式问题格式后追加了开放式或支付卡式问题格式，但这两种引导技术所产生的偏差又不可避免。Wicker 等[60]采用了支付卡问题格式,这与选择球迷债券作为支付方式有关,他们认为球迷债券的购买,支付卡式问题格式更合适(8 个球迷债券面值的集合)。支付卡式的局限性使受访者的不确定性增加进而降低 WTP,而研究得出的 WTP 却远远高于前两项研究,与支付方式有很大关系。

3.5.2.4 部分研究支付方式欠妥

针对西班牙拉科鲁尼亚足球俱乐部的研究,采取自愿捐助的方式;而针对德甲、德乙、德丙三级联赛的 28 家俱乐部的研究则采取购买球迷债券的方式,作者认为发行球迷债券是德国职业体育俱乐部摆脱财务困境常用的融资方式。但本书认为,球迷债券是一种金融投资工具,有可能为受访者带来收入增长。相对于增加税收、自愿捐助等减少收入的支付方式,购买球迷债券这种可能增加收入的支付方式会夸大受访者的 WTP,研究得出的 WTP 值远远高于前两项研究的 WTP 值便是佐证。

3.5.2.5 信息偏差处理不充分

在欧洲研究的假设情境中,如同美国研究一样,依然没有对评估内容(城市品牌效益、生活质量效益、心理收入效益)进行全面准确、清晰易懂的描述,并且忽略了家庭收入或个人支出预算约束的提示。在这种情况下,对于不了解职业体育俱乐部正外部性效益的受访者来说,由于信息不对称而出现低估 WTP 的问题,且没有支出预算约束提醒,受访者可能夸大 WTP。

3.5.2.6 WTP 影响因素较为全面

因为有美国研究的经验借鉴与参考,欧洲研究的 WTP 影响因素分析便相对成熟。四项研究中,除了人口统计学变量、支付金额、观赛、生活质量、城市声誉、自豪感、兴趣等美国研究中包含的影响因素外,还增加了认同、快乐、伤心等情感体验变量,外部经济环境(经济危机)对 WTP 的影响,以及球队获胜对 WTP 的影响(俱乐部球队赢得比赛或联赛冠军对 WTP 的影响)。

3.5.3 日本职业体育领域 CVM 应用研究的经验与不足

Ishizaka 等[61]自称他们的研究为日本第一项应用 CVM 评估职业体育俱乐部公共产品价值的研究。如表 3-3 所示,评估内容为一家职业棒球俱乐部的公共产品(阅读、谈论、关注、生活质量);虚拟市场构建与欧洲研究相似,即俱乐部面临财务困境,为避免俱乐部解散,询问受访者的支付意愿;引导技术为双边界二分式结合开放式,能覆盖受访者支付意愿;支付意愿影响因素除了人口统计学变量等与欧美研究相似的影响因素外，还涉及企业社会责任与俱乐部无形效益变量，无形效益感知涉及提升地区知名度与形象、增强社区凝聚力、棒球项目推广、培养社区依恋与自豪感、青少年教育、改善家庭成员沟通、提高生活满意度，但研究结果显示，只有投标值、个人收入、年龄、现场观赛、电视观赛、公共产品、获胜游行对 WTP 具有显著性影响。

研究不足：① 样本量不够(433)，未达到 NOAA 关于 CV 调查指南所要求的 1 000 以上的样本量。② WTP 均值计算采用非参数估计(WTP 算术平均值与中位数)，未使用更具有效性的参数估计，估计作者不具备参数估计的计算能力(定积分运算)。③ WTP 的双边界二分式问题格式，只设计了 5 组初始投标值及其组合的最大值与最小值[1 000(3 000/500)、3 000(6 000/1 000)、6 000(10 000/3 000)、10 000(15 000/6 000)、15 000(20 000/10 000)]，按 NOAA 关于 CV 调查指南的要求应达到 11 个，虽然与开放式问题格式结合能覆盖受访者的支付意愿，但开放式问题格式存在策略偏差。④ 假设情境构建未对待评估的内容进行全面准确、清晰易懂的描述，可能导致信息偏差。

表 3-3　日本职业体育俱乐部非市场价值评估中的 CVM 应用研究案例

研究案例来源	评估对象/内容/样本量/投标值	假设情境/虚拟市场	引导技术/调查范围/总 WTP 值	WTP 影响因素
Ishizaka 等[61]	日本职业棒球俱乐部 A/公共产品(生活质量)/433/5 组投标值组合	为了维持和发展职业棒球俱乐部 A，需要大量资金，包括球员工资。假设俱乐部财务状况显著恶化，俱乐部面临生存困境。为避免俱乐部解散，我们号召市民捐款并建立基金。你每年可以支付多少日元(请慎重选择参考金额)	双边界二分式+开放式/职业棒球俱乐部 A 所在主场城市 B/年度总 WTP 值：基于均值为 3.41 亿～11.75 亿日元；基于中值为 1.41 亿～4.88 亿日元	人口统计学变量(性别、年龄、个人收入、家庭人数)，支付金额、现场观赛、电视观赛、公共产品(阅读、谈论、关注、生活质量)、棒球运动参与、夺冠游行

3.6 基于 CVM 的我国职业体育俱乐部非市场价值评估应用启示

我国职业体育俱乐部自职业体育发展伊始便不断得到来自地方政府的补贴，包括现金补贴与政策支持(税收与场馆租金减免、退税、土地优惠等)两种形式。现金补贴源于 2009 年,由于 2008 年北京奥运会圆满举办,点燃了各地发展体育产业的热情,各地政府相继设立体育产业发展引导资金并制定了资金管理政策。但当前我国地方政府补贴虽未以经济效益为理由(可能是由于我国职业体育俱乐部普遍亏损),却均以扶持职业体育俱乐部发展及联赛成绩为理由与依据,本书认为其不具合理性。一方面,作为企业性组织的职业体育俱乐部是自主经营、自负盈亏的市场主体,地方政府以扶持俱乐部发展及联赛成绩为理由与依据进行补贴,实则是政府干涉市场,违背了自由竞争的市场秩序;另一方面,违背了公共财政支出的原则,政府公共财政支出主要是公共产品的提供及公共利益的维护。城市品牌效益、生活质量效益及心理收入效益等正外部性效益体现了"公共性""外部性""福利性",其非市场价值体现了对社会福利总量的增加,地方政府以此为理由进行补贴既符合公共财政支出原则,亦能获得公众的认同与支持,但补贴金额应根据非市场价值大小而定。

CVM 作为公认的非市场价值衡量工具在 2000 年首次引入职业体育领域且得到广泛应用,并逐渐应用于体育赛事[93]、体育场馆[99]等领域。CVM 的引入将解决职业体育俱乐部非市场价值无法衡量的难题,也能为体育赛事、体育场馆、体育公园等公共产品与服务的非市场价值衡量提供借鉴与参考。CVM 在我国职业体育或其他体育领域的应用,应在借鉴国外研究经验与不足之处的基础上,结合本土实际情况扬长避短,确保评估结果的有效性与可靠性。希望本研究对 CVM 偏差问题的论述以及国外职业体育俱乐部非市场价值评估研究案例的分析,对 CVM 在我国体育领域的应用起到抛砖引玉的作用。

3.6.1 假设情境描述全面易懂,虚拟市场构建切合实际

假设情境描述全面准确、清晰易懂,能够加强受访者对评估对象的"熟悉度",有效避免因信息不对称或信息不完全而做出误判。美欧日研究中假设情境设计的一个共同点是都未清晰地描述被评估内容。假设情境应包括被评职业体育俱乐部及其正外部性效益描述(城市品牌效益、生活质量效益、心理收入效益),受访者家庭预算约束提醒,城市其他职业体育俱乐部的存在(如果该城市只有一家职业体育俱乐部则可以忽略)。虚拟市场构建要切合实际。首先,中国足球协会超级联赛(简称中超)采取欧洲职业联赛的升降级制度,中国男子篮球职业联赛(CBA)则采取美国职业联赛的季后赛制度,联赛制度差异使得 CBA 搬迁的可能性较大,而中超俱乐部首要面临的则是降级或解散的风险。因而,CBA 俱乐部可借鉴美国研究的搬迁假设前提,中超俱乐部则可借鉴欧洲研究的避免俱乐部降级或解散并增强夺冠可能性的假设前提。其次,对于北上广

深等一线城市的俱乐部来讲，它们不会选择搬迁，如果搬迁则意味着失去一个大市场(赞助、广告、球迷等)。所以对于一线城市的CBA或中超俱乐部来讲，帮助球队解决财务危机或增加夺冠可能性的假设前提比较符合现实。对于省会城市等二、三线城市的CBA俱乐部而言，历史事实告诉我们，它们搬迁的可能性比较大。最后，由于我国职业体育市场还不成熟，几乎所有俱乐部都是亏损经营，球队冠名经常性变更是普遍现象。同时，即使不存在降级问题，也会有俱乐部因为财务危机而被解散，中超俱乐部因为降级或财务危机解散的球队就更多了。

3.6.2 评估内容基于主场城市及其居民视角

基于主场城市及其居民的视角，职业体育俱乐部产生的正外部性效益应包括城市品牌效益、生活质量效益与心理收入效益。美国研究只将其中之一或之二作为评估内容，欧洲研究全面涉及基于主场城市及其居民的正外部性效益，但美欧研究各个效益的衡量指标均不全面，这样难以充分评估职业体育俱乐部产生的非市场价值。所以，我国职业体育俱乐部的非市场价值应将这三部分正外部性效益均纳入评估内容并丰富衡量指标。① 现有研究中城市品牌效益只是用“城市声誉”或“大联盟城市地位”其中一个来进行衡量，而一个指标不能完全体现职业体育俱乐部的存在对主场城市带来的城市品牌效益。在“城市声誉”和“城市形象”变量的基础上，增加“城市知名度”作为城市品牌效益的衡量指标。职业体育俱乐部的存在提升了城市知名度，即品牌联想使外地居民只要一提及俱乐部就会联想到主场城市；网络、电视与纸媒体对职业体育俱乐部铺天盖地的报道，提高了主场城市的曝光率；俱乐部名称冠入城市名称，或者俱乐部Logo融入主场城市名称与标志物，也提升了城市知名度。② 国外研究中，“阅读”(阅读俱乐部相关新闻报道或评论性文章)、“谈论”(与亲友谈论俱乐部球队竞技表现、成绩、决策等)、“收听”(收听俱乐部比赛或新闻)因具有非竞争性的公共产品属性且无有效排他技术或手段被理解为俱乐部的公共产品，本书认为将其理解为生活质量效益更为合适，这些效益能够丰富主场城市居民的文化生活，增添许多生活乐趣，使主场城市成为更好的居住地。③ 心理收入效益绝大多数只通过“自豪感”来测量，Wicker等[60]使用了“快乐”“悲伤”“认同”这些体现情感收入的变量来测量，这些都只是心理收入的一部分。Crompton[90]将职业体育俱乐部产生的心理收入定义为“居民从俱乐部所感知到的情感或心理的收益”，并将其划分为5个维度：自豪感、集体自尊感、观赛激情、社会互动、情感涉入。本书认为观赛激情、社会互动、情感涉入主要是针对观赛球迷而言，即观赛所产生的社会互动或情感体验(快乐、悲伤、兴奋、激动)等心理收益。而我国城市(即使是北上广这些职业体育发展相对成熟的城市)球迷化程度比较低,大多数受访者根本没有观看过俱乐部球队的比赛,调查受访者对俱乐部的情感涉入或情感互动是无从谈起的。本书认为心理收入效益的测量指标为自豪感(为主场城市拥有顶级联赛俱乐部而产生的自豪)、认同感(因为俱乐部的存在而对主场城市的认可与支持)、归属感(俱乐部彰显了主场城市积极向上的城市文化与精神让居民很依恋)比较合适。

3.6.3　采用双边界二分式引导技术,投标值数量达到要求

双边界二分式通过模拟非市场产品的交易决策过程,只要求受访者就某一初始投标值(bid_0)做出"是"或"否"的选择(这种方式如同实际市场的产品购买决策过程),继初始投标值之后,依据受访者的回答追加第二次询问。如果受访者给予肯定回答,那么将被问及一个较高的投标值(bid_u);如果回答是否定的,将被问及一个较低的投标值(bid_d)。那么受访者的回答将出现四种情况:"是—是""是—否""否—是""否—否"。由于对"是"和"否"的回答结果是一种离散变量,因此需要反映离散的 Probit 和 Logit 模型来定量分析这种问题。双边界二分式在一定程度上解决了"搭便车"及过度支付的问题,避免了开放式、支付卡式问题格式产生的引导技术偏差、起点偏差、策略偏差、抗议性零支付或不回答等偏差问题,已成为 CV 调查的标准化引导技术。单双边界二分式引导技术的差异在于双边界二分式增加了一次询问,获得了受访者关于 WTP 更多的信息,进而使得 WTP 估算的精确性更强。关于初始投标值的范围,蔡春光、周振民、查爱萍等[71,167-168]指出,应尽量达到其范围恰好覆盖整个样本的 WTP,即对最小投标值的接受率接近 100%,对最大投标值的拒绝率接近 100%。关于初始投标值的数量,敖长林等[169]研究指出双边界二分式的初始投标值数量大于 5 时,其对 WTP 估计值的影响程度越来越小。Cooper[170]指出对于双边界二分式引导技术初始投标值数量为 11 个时较为理想。在样本容量方面,Mitchell 等[156]提出,基于虚拟市场的 CV 调查存在诸多偏差,其样本规模应大于统计学的一般门槛值,600 个样本可以确保假想 WTP 与实际 WTP 的误差控制在 15%以内。敖长林等[169]通过实证研究表明样本容量大于 500 时,对 WTP 估计值的影响程度越来越小。NOAA 则建议样本量应达到 1 000 个以上[123]。因而,我国基于 CVM 的职业体育俱乐部非市场价值评估,双边界二分法引导技术的初始投标值的数量最少不能低于 5 个,11 个则较为理想,样本容量不能低于 500,1 000 以上则较为理想。

3.6.4 开展预调查将部分偏差限制在正式调查之前

由于CVM的信息偏差、引导技术偏差、策略偏差、起点偏差、抗议性偏差等自身偏差问题的存在，CV调查结果的有效性与可靠性倍受质疑，国内外对调查结果有效性与可靠性验证的研究表明预调查是避免部分偏差的有效措施。因此，可以通过预调查将某些偏差限制在正式调查前，特别是采取面对面的调查方式还可以询问受访者对问卷设计的建议。预调查使用开放式或支付卡式引导技术了解受访者支付意愿投标值范围，为正式调查双边界二分式投标值的合理设置提供参考依据。投标值范围过大或过小均会影响评估结果的有效性与可靠性，因为初始投标值设计不合理带来的起点偏差会使受访者高估WTP，而最高投标值设计不合理则会使受访者低估WTP。预调查需注意以下事项：掌握假设情境中俱乐部正外部性效益描述是否清晰易懂；模拟市场是否切合实际并能被受访者接受；了解受访者最愿意接受的支付方式；是否存在与家庭可支配收入不相符的投标值，把握抗议性零支付或拒绝支付的比例；了解问题容量是否合理，题项表述是否准确且不产生歧义，受访者答卷过程是否流畅。

3.6.5 确定非市场价值的构成比例而非区分使用价值与非使用价值

美欧研究通过现场观赛受访者比例来区分使用价值与非使用价值，并用非使用价值代表非市场价值。经过多番思考与专家咨询，认为我国城市居民球迷化程度非常低，去现场观看俱乐部球队比赛或电视观看俱乐部比赛居民的比例占整个城市人口总量的比例非常小，甚至可以忽略不计。如上海申花足球俱乐部在其官网上公布的申花球迷数量为10万左右，那么对于2 400万人口的上海来讲，上海居民中申花球迷比例实在太小。因而，现场观赛产生的使用价值可以忽略不计，我国职业体育的非市场价值估算不需要对使用价值与非使用价值加以区分，即可确定职业体育俱乐部产生的城市品牌价值、生活质量价值及心理收入价值的构成比例，为地方补贴职业体育俱乐部提供参考。我国旅游风景名胜区的非市场价值评估通过支付动机比例来确定风景名胜区的选择价值、遗产价值及存在价值[36]，为确定职业体育俱乐部产生的三部分价值的比例提供了借鉴。

3.6.6 WTP影响因素更全面且更具解释力

国外职业体育领域CVM应用研究中的WTP影响因素变量大致可分为五类：人口统计学变量（性别、年龄、教育、家庭收入、居住时间、居住地点、种族）、公共产品变量(阅读、谈论、兴趣、乐趣、生活质量)、行为变量(主场观赛、电视观赛)、干扰因素变量(支付额度、搬迁、获胜、经济危机)、正外部性效益变量[心理收入(快乐、悲伤、认同等)、城市品牌("大联盟城市"地位、城市声誉)]。美国研究的 WTP 影响因素变量与欧洲研究影响因素变量既有相同之处,也存在差异。如人口统计学变量,美国研究中涉及"种族"变量是因为种族问题是美国作为一个移民国家所面临的重大社会问题,而欧洲国家种族问题不是主要社会矛盾,在研究中可以不考虑此问题;城市品牌效益,美国多定义为"大联盟城市"地位,而欧洲则定义为"城市声誉";在干扰因素变量方面,美国研究只涉及"支付金额",而欧洲研究不但考虑了微观因素(获胜)对支付意愿的影响,还考虑了宏观经济环境(经济危机)对支付意愿的影响。欧洲研究 WTP 影响因素确定是在美国研究的基础上,结合本土化实际情况遴选相关变量,并增加相关变量,以求支付意愿影响因素的分析更具解释力。因而,我国职业体育领域 CVM 应用研究中 WTP 影响因素的确定应在国外研究的基础上,遴选出适用于我国研究情境的 WTP 影响因素变量,并根据实证对象适当增加新变量,且对变量归属进行调整。如"兴趣",欧美研究中除了 Wicker 等[60]将"兴趣"定义为对足球运动的喜欢程度,其他学者均将其定义为对职业体育俱乐部的喜欢程度,这种定义适用于俱乐部主场城市居民球迷化程度较高的欧美研究。我国职业体育俱乐部主场城市的居民球迷化程度非常低,显然 Wicker 等对"兴趣"的定义不适用于我国研究。

3.7　本章小结

CVM 于 20 世纪 60 年代首次应用于森林户外休闲娱乐效益的估算,随后广泛应用于公共产品领域,被认为是公共产品或正外部性效益非市场价值衡量的相对理想的工具。CVM 在 20 世纪 90 年代末引入我国,逐渐应用于环境改善、生态资源、旅游资源、食品安全、公共健康、图书馆、交通等公共领域非市场价值评估,为我国公共领域的政策制定或公共产品与服务供给提供了有力的理论依据。但该方法是通过假设情境中的虚拟市场获取受访者的 WTP,其自身存在的各种偏差(信息偏差、引导技术偏差、起点偏差、抗议性偏差、策略偏差等)对最终调查结果的可靠性与有效性影响很大,故如何避免各种偏差问题成为 CVM 应用研究的关键。本章关于 CVM 潜在偏差的论述与干预,为我国体育领域的 CVM 应用研究提供了一定参考。

CVM 的引入,使职业体育俱乐部非市场价值货币化成为可能。国外职业体育领域 CVM 的应用研究案例能为我国研究提供一定的借鉴，但其研究存在诸多不足之处，并且由于职业体育发展环境以及赛制的差异，CVM 在我国职业体育领域内的应用不能照搬照抄，应在本土化的基础上，参考欧美研究的不足之处，有效避免 CVM 自身存在的偏差问题，确保评估结果的有效性与可靠性。应用 CV 调查获取受访者对职业体育俱乐部正外部性效益的支付意愿，并以此估算出非市场价值。在估算阶段，一定程度上变成了纯粹的统计与计算工作。由此来看，职业体育领域 CVM 应用研究的重点不在于方法应用，而在于强调职业体育俱乐部正外部性效益产生的非市场价值能够证明地方政府补贴的合理性，并以此作为地方政府补贴的理由和依据。CVM 作为公共产品非市场价值衡量相对理想的工具，在我国体育领域几乎没有应用（当前作者通过各种途径能查阅到的文献仅有一篇），未来应该加强该方法在体育赛事、职业体育、体育场馆、体育公园等领域的应用。我国地方政府一直以来以扶持职业体育俱乐部发展及职业联赛成绩为理由与依据进行补贴，未对正外部性效益及其非市场价值引起重视：一方面可能是地方政府与俱乐部还未认识到正外部性效益的重要性，学术界对此也缺乏关注；另一方面可能是正外部性效益具有“非竞争性”的公共产品属性且无有效排他技术与手段，难以在市场上进行交易，无法用传统市场估值方法进行衡量。

第4章

非市场价值构成:基于主场城市及其居民视角的一个理论框架

4.1 非市场价值构成分析前提:职业体育俱乐部产品属性解析

职业体育俱乐部本质上是追求利润最大化的企业化组织,赢利是其生产经营的目标。政府的公共财政资金来源于税收,除了维持政府机构的正常运转外,主要用于反映社会共同需要,体现公共产品领域的社会公平。如果职业体育俱乐部产品是公共产品,俱乐部的生产经营不过是公共产品的私人供给或者说是公共产品的市场化运作,政府作为公共产品的主要提供者及公共利益的维护者,给予企业性质的职业体育俱乐部政策支持与现金补贴是合理的,也能够得到公众的认同与支持。如果职业体育俱乐部产品是私人产品,地方政府给予的政策支持与现金补贴则是不合理的,没有产生任何社会价值,只是扩大了私人老板的利润空间且破坏了公平竞争的市场秩序。因而,职业体育俱乐部的产品属性界定关系到地方政府补贴的合理性,不管是在理论上还是在实践上均具有十分重要的意义。俱乐部产品属性界定一直是我国职业体育研究领域的热点问题,当前研究存在"私人产品"和"准公共产品"两种观点,意见并不一致。而两种观点均以经典的萨缪尔森公共产品理论为判断依据,以职业体育赛事为分析对象,缘何结论不一致?鉴于职业体育俱乐部产品属性界定关系到地方政府补贴的合理性以及现有研究结论的不一致,十分有必要对其进行辨析。

4.1.1 职业体育俱乐部产品属性研究的回顾与评述

4.1.1.1 "私人产品"观点的回顾与评述

"私人产品"观点[171-174]的判断依据是:① 市场经济的良好运行是以私人产品为基础的,离开了私人产品市场机制就无法发挥作用。职业体育俱乐部产生于职业体育赛事并被作为商品进行市场交易,追求赢利是一个客观存在,生产经营私人产品是必然要求,所以职业体育赛事本质上是私人产品。② 职业体育赛事通过门票实现排他且排他程度非常高；同场比赛中不同座位的观赛效果导致的价格差异使每一个座位具有了竞争性，观赛效果由观看角度获取信息的质量不同导致。③ 对于电视直播观赛的观众来讲，观众通过观看广告购买了赞助商的产品，间接为观赛付费。④ 职业体育赛事的社会共同需要程度有限，理由是职业体育俱乐部生产职业体育赛事不是出于满足社会共同需要，而更多是追求投资者或俱乐部的自身利益，职业体育赛事的观赏价值主要是满足个人的价值与效用。

本书认为“私人产品”观点的判断依据是值得商榷的：其一，不能以市场化运作、追求赢利、私人部门提供作为公私产品的判断依据。私人产品能够在市场进行交易的关键是能够进行排他收费，公共产品不能进行市场交易是因为无法解决不付费的“搭便车”问题。因此，能否进行市场交易（收费）与产品的竞争性或非竞争性无关，只与排他性有关，只要能够有效排他，公共产品同样可以通过市场化运作或者私人部门通过市场机制提供。其二，排他与否并非取决于公共产品自身，而取决于排他技术与成本、制度安排及排他意愿等外部条件。职业体育赛事对于赛场内的观众而言是非排他的，即任何一个场内观众不能把其他观众排除，所以排他只是对于进入消费范围设限，使收费成为可能的前提。其三，由不同座位观赛效果导致的价格差异体现了职业体育赛事的竞争性，实际上是将提供赛事观赏与提供座位服务混为一谈（将座位的产品属性等同于职业体育赛事的产品属性）。并且观赛效用由赛事质量决定，赛事质量取决于竞技水平与精彩程度，竞技水平越高，精彩程度越高，观赛效用就越大。而距球场近的座位的观赛效果更为清晰，并不是观赛效用的决定性因素，赛事质量不会因为座位近而提升。因此，以座位的位置为依据判断观赛效用是舍本逐末的。其四，以间接付费将赛事电视直播界定为私人产品是没有说服力的，等同于公共产品是免费产品，公共产品只能由政府提供狭义认知。事实上，每个观众通过电视直播画面获取的赛事信息是一样的，相对于现场观赛而言赛事直播覆盖的观众范围更广，非竞争性程度更高。其五，社会共同需要是公共选择的结果，会随着经济社会发展阶段等外部因素的变化而改变。在人均收入水平较低、生活水平不高的情况下，职业体育赛事社会共同需要程度是有限的。当前人均收入达到中等发达国家水平后，体现美好生活的休闲娱乐就会成为普遍需求，近几年中超联赛不断攀升的上座率与收视率便是证明。总而言之，将职业体育赛事界定为私人产品主要是对公共产品理论的理解存在以下误区：公共产品只能由政府提供，以市场化运作作为公私产品的判断依据，以营利作为公私产品的判断依据，将公共产品与捆绑销售的私人产品混为一谈，将公共产品等同于免费产品。

4.1.1.2　“准公共产品”观点的回顾与评述

“准公共产品”观点[175-177]的判断依据是:① 职业体育赛事是一定限度非排他性与非竞争性的准公共产品。在一定范围内一个人观赏赛事只是购买了一个座位的暂时使用权,并不会影响其他人同时观赛,但这种非竞争性是有限度的,当观众人数达到拥挤点(场馆座位容量),再增加观众人数就会影响到其他观众的观赛收益,破坏非竞争性。为了保证观赛质量(非竞争性),必须通过排他限制观众人数。② 排他性特征为按照“谁使用、谁受益、谁付费”的市场法则经营职业体育俱乐部提供了条件,并进一步指出,职业体育俱乐部产品的存在为公共产品的私人供给提供了可能,即排他性技术的存在可以大幅降低私人供给公共产品的交易成本,进而能够激励私人部门提供公共产品。

本书对职业体育赛事准公共产品属性的分析过程没有异议,职业体育赛事的有效排他性将“搭便车”的不付费者排除在消费范围之外,赛场之内的消费是非竞争与非排他的,因而职业体育赛事是“非竞争性与非排他性”有限的准公共产品。然而,本书并不赞同职业体育赛事准公共产品的说法。现实中难以有公共产品与“非竞争性与非排他性”充分对应,被认为是纯公共产品的国防也只是在国土范围之内的“非竞争性与非排他性”。因而有学者指出公共产品没有纯准之分[103,178],准公共产品中的职业体育俱乐部产品是“非竞争性与排他性”并存,排他取决于排他技术与成本,只是为了保证职业体育俱乐部产品的非竞争性;准公共产品中的公共资源是“竞争性与非排他性”并存,事实上这种现象只是暂时,由于非排他性,最终的结果是公共资源消失,因而竞争性与非排他性是不能并存的。如本书前述,“非排他性”取决于排他技术与成本等外部因素,并不适合作为公共产品的界定标准。职业体育赛事通过排他技术(将职业体育赛事与座位捆绑销售)将不付费者排除在消费范围之外,并非职业体育赛事本身能够排他,而且排他只是为了保证职业体育赛事的非竞争性,或激励私人部门通过市场机制提供职业体育赛事。因此,职业体育赛事就是满足公众体育赛事观赏需求的,由私人部门通过市场机制提供的公共产品。

4.1.1.3　观点不一致的缘由

通过对现有研究的回顾与评述,我国职业体育俱乐部产品属性界定均以职业体育赛事为分析对象,却存在“私人产品”与“准公共产品”两种观点。究其缘由,主要是学者们对公共产品理论的理解差异,当前将职业体育赛事界定为私人产品的学者对公共产品理论认识存在几个误区:首先公共产品是政府提供的产品;公共产品是免费产品;公共产品不能市场化运作;将公共产品与捆绑销售的私人产品混为一谈，忽略了社会共同需要的动态变化性。其次是界定对象单一，职业体育俱乐部是自主经营、自负盈亏的企业化组织，生产经营职业体育赛事，以满足日益增长的体育竞赛表演观赏需求为目的，以实现利润最大化为目标。事实上，在职业体育赛事生产的过程中还会派生其他副产品，如众所周知的转播权、广告权、冠名权等权利型产品，这些产品一般被称为俱乐部的"无形资产"，是俱乐部收入结构的主体部分。因而，如果只以职业体育赛事为界定对象，难以全面反映职业体育俱乐部产品的属性。

4.1.2 职业体育俱乐部产品的构成——一个产品包的视角

职业体育俱乐部作为职业体育的主体，投入运动队队员、教练员、裁判员、场馆设施及资金等生产要素生产职业体育赛事，并围绕职业体育赛事进行营销以实现俱乐部利润最大化。但我国职业体育赛事自身产生的门票收入只是俱乐部收入的一小部分，俱乐部的核心收入由转播权、赞助权、广告权、冠名权等权利型产品构成。有关数据披露，2017 赛季中超各个俱乐部的收入占总收入的比重分别为广告与赞助收入为 64%，转播收入为 14%、门票收入为 3%[179]。因而，职业体育俱乐部表面上只生产职业体育赛事，事实上生产过程中还会派生出其他副产品，产出的是一个以职业体育赛事为核心产品的产品包，包括核心产品、正外部性产品、衍生产品。正外部性产品包含城市品牌效益、母企业品牌效益、生活质量效益、心理收入效益，衍生产品包含转播权、广告权、赞助权、冠名权、特许产品，都是由职业体育赛事派生出来的，如图 4-1 所示。根据职业体育俱乐部是否能够进行市场交易获取经济价值或者消费者是否需要付费获取

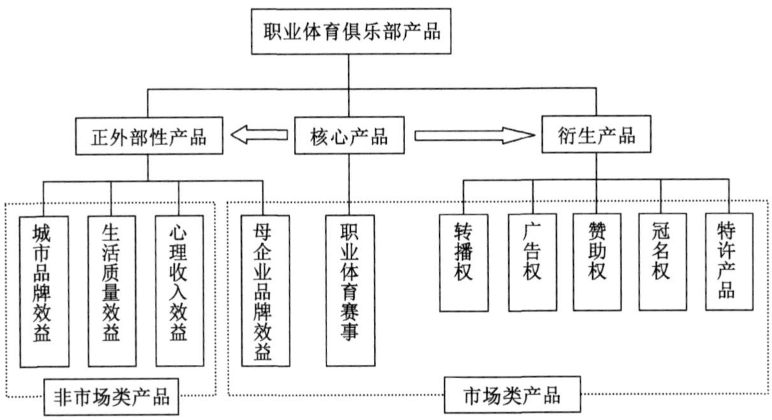

图 4-1 职业体育俱乐部产品分类

消费权益,职业体育俱乐部产品可分为市场类产品与非市场类产品。市场类产品是俱乐部的收入来源,非市场类产品虽是俱乐部总经济价值的组成部分,但却外溢给了主场城市与居民,导致总经济价值的损失。

正外部性产品与衍生产品虽然是职业体育赛事生产过程中派生出来的副产品,但它们却有着极其重要的地位与作用。转播权、广告权、赞助权、冠名权等衍生产品是职业体育俱乐部收入结构的主体部分,特别是门票在我国职业体育俱乐部收入结构中的占比还比较小的时候。母企业品牌效益巨大的品牌塑造和广告宣传效应,与其他品牌塑造和广告宣传渠道相比成本更低且效果更佳,是当前我国企业投资职业体育俱乐部的目的所在。城市品牌效益、生活质量效益、心理收入效益等正外部性产品在职业体育俱乐部生产过程中外溢给了主场城市及其居民,对城市发展及居民美好生活至关重要。职业体育俱乐部是所在城市的旗帜,许多城市以拥有一支著名的职业体育俱乐部为荣并对此大力宣传,作为提高城市知名度与吸引力的手段,或作为改变城市形象、集聚人气的举措;职业体育俱乐部的存在,能够增强当地居民的荣誉感与归属感,提高居民的精神生活质量,是当地社交活动的重要平台[180]。接下来,本书从产品包的视角,基于"非竞争性"与"社会共同需要"两个维度对职业体育俱乐部产品逐一进行解析,以期较为全面合理地界定俱乐部产品的属性。

4.1.3　基于"非竞争性"的职业体育俱乐部产品属性解析

4.1.3.1　核心产品

核心产品为职业体育赛事,其表现形式可分为两种,即现场观赛与媒体直播观赛。现场观赛,即观众在比赛现场观看比赛。对于场内观众而言,存在消费的非竞争性,增加一个观众不会影响其他观众的观赛效果,边际成本为零。但当观众人数超过球场容纳人数极限时,增加人数便会破坏现场观赛的非竞争性,只有通过将现场观赛与座位捆绑,采取售票的方式进行排他。这里的"排他"不仅仅是排除不付费的观众,为保持非竞争性,愿意付费的观众在球票售罄后也会被排除在消费范围之外,所以现场观赛的"非竞争性"是有限的。媒体直播观赛,即通过电视或互联网直播观看职业体育赛事。在这种情况下,媒体覆盖的范围更广(卫星电视、互联网已进入千家万户,甚至可以覆盖到海外),可以说容纳的观众是数不胜数的。每一个观众通过媒体观看到的比赛画面是一样的,每个观众都不会影响其他观众的观赛效果,增加观众的边际成本为零,因而是非竞争性的。电视台或网络运营商通过加密技术对观众进行排他,这里的"排他"只是为了收费,不需要为保持非竞争性而排他。毫无疑问,从非竞争性的角度来讲，现场观赛与直播观赛都是公共产品，只是非竞争性程度存在明显差异。职业体育赛事的供给数量始终只有一个单位，不管是现场观赛还是媒体直播观赛，都是同一场赛事，每个观众的消费量等于供给量（等量消费）。现场容纳的人数少（非竞争性程度低），而电视互联网直播容纳的人数众多（非竞争性程度高），并不是供给数量的差异，而是排他方式的差异，排他方式不同排他程度不同，说明排他方式决定了非竞争性程度。

4.1.3.2　正外部性产品

具有消费的竞争性，能够明确获利者的母企业品牌效益是私人产品。作为职业体育俱乐部投资方的母企业因为投资职业体育俱乐部而提升了其品牌知名度、美誉度及形象，所产生的企业品牌效益只属于作为投资方的母企业，而且这种效益是显著的。如中国恒大集团因为投资广州足球俱乐部，从一个区域品牌跻身为我国地产界的知名品牌。具有消费的非竞争性的城市品牌效益、生活质量效益及心理收入效益是公共产品。城市品牌效益提升了俱乐部所在城市知名度、城市形象，这是每一个居民都能享受的，而且不影响其他居民享受。生活质量效益，如阅读与比赛相关的新闻，与亲友谈论俱乐部的决策、球队战绩、球员的花边新闻等，为俱乐部所在城市居民增添了乐趣，提升了居民的幸福感，而且是非竞争性的。心理收入效益是指居民从俱乐部所感知到的情感或心理的收益[90]，如自豪感（生活在一座拥有顶级联赛职业体育俱乐部的城市所产生的自豪感，以及因职业体育俱乐部提升了所在城市知名度与形象而产生的自豪感），或者因职业体育俱乐部的存在，居民对城市产生的归属感与认同感。不管有没有观赛，心理收入效益是每一个居民都可以感知的（非竞争性的）。城市品牌效益、生活质量效益、心理收入效益这三种正外部性产品对所在城市居民是非竞争的，但目前没有有效的排他技术或手段，因而这三种正外部性产品的价值俱乐部无法通过市场交易的方式获取。

4.1.3.3　衍生产品

衍生产品包括纪念品及转播权、广告权、赞助权、冠名权等权利型产品。纪念品属于私人产品，因为实物型的纪念品不具有消费的非竞争性。一件纪念品被某个消费者消费，其他消费者就不能再消费，由于是实物产品，供给的边际成本不可能为零。转播权、广告权、赞助权、冠名权等权利型产品同样属于私人产品，供给数量极其有限，具有极强的竞争性。转播权在一个地区往往只销售给一家电视机构或网络公司，广告权、赞助权只销售给某一行业的一家企业，冠名权大多数情况下只出售给一家企业，偶尔会存在两家企业冠名的情况。据上所述，实物型纪念品与权利型产品是私人产品。

4.1.4　基于“社会共同需要”的职业体育俱乐部产品属性讨论

4.1.4.1　核心产品

党的第十九次全国代表大会提出，我国当前社会矛盾已转变为人民日益增长的美好生活需要与不平衡不充分发展之间的矛盾。社会矛盾的转化说明追求美好生活已成为新时代社会的共同需要，也说明公共产品需求会随着社会经济的不同发展阶段而变化，特别是当国民收入逐渐达到中等发达国家水平以后，人们的需求不再满足于生存发展需要，休闲娱乐等体现美好生活的享受需要逐渐成为人们的普遍需求，并成为一种社会共同需要。体育赛事观赏需求是国民收入普遍提高以后公共选择的结果，已成为一种生活方式，由中超联赛上座率、收视率、人群覆盖率可以体现。根据《2017 赛季中超联赛收视分析报告》[181]显示：整体平均收视率为 0.61%，最高单场收视率为 1.06%，电视收视累积人次为 6.24 亿，15～54 岁人群约占 70%；中超网络直播平台 PP 体育视频播放量 19.7 亿次，场均独立访问用户为 505 万；现场观众人数超过 570 万，场均 2.38 万。这说明随着人们美好生活意识的增强，体育赛事观赏已成为一种普遍性的需求，而在国内高水平竞技赛事供给有限的情况下，职业体育赛事成为人们追逐的对象，特别是中超联赛与 CBA 联赛。因而，从社会共同需要的角度来看，对中超与 CBA 等顶级职业体育赛事的观赏需求无疑是公共选择的结果，体育赛事观赏也成为人们休闲娱乐所必需的公共产品。

4.1.4.2　正外部性产品与衍生产品

人们对美好生活的追求已成为新时代的社会共同需要，获得感、幸福感、安全感体现了满足人民向往美好生活需要的整体性揭示[182]。正外部性产品中的城市品牌效益、生活质量效益、心理收入效益有助于提升人们的获得感与幸福感。对职业体育赛事的观赏以及职业体育俱乐部的追随已成为人们的普遍需求，是一种公共选择的结果。另外，观看职业体育赛事并不完全在于欣赏高水平的竞技表演或激烈竞争的精彩画面，更在于激情、兴奋及愉悦等情感获得；对职业体育俱乐部的追随更在于俱乐部产生的“新闻”“谈资”“笑料”给生活带来的乐趣，对幸福感与生活满意度的提升；以及一座城市因为职业体育俱乐部的存在促使城市知名度及城市形象提升，从而给人们带来自豪感、归属感或认同感，这对于提升幸福感与获得感同样具有举足轻重的作用。因此，职业体育赛事观赏与职业体育俱乐部追随实际上是对幸福感、获得感的共同需要，城市品牌效益、生活质量效益及心理收入效益是能满足人们对幸福感与获得感追求的公共产品。对于正外部性产品的母企业品牌效益，只是企业决策个体行为带来的效益,并非公共选择的结果,并且效益只能独享,因而是私人产品。同样,衍生产品中权利型产品和实物型纪念品的消费也只是个体选择行为,并非公共选择的结果,也不具有公共必须、公共消费的特征,它们也是私人产品。

4.1.5 职业体育俱乐部产品属性——公共产品与私人产品并存

据上所述,基于"非竞争性"与"社会共同需要"对职业体育俱乐部产品属性逐一分析发现:职业体育俱乐部产品既包含公共产品又包含私人产品,如图 4-2 所示。核心产品——职业体育赛事,在人均收入水平比较低的经济发展阶段,不是社会共同需要的产品,但随着经济发展,人均收入达到中等发达国家水平,人们对美好生活追求的意愿增强,职业体育赛事则成为社会共同需要,成为公共产品。与此同时,并不能否定职业体育赛事在成为社会共同需要之前就不是公共产品,职业体育赛事等量消费、共同消费的非竞争性消费特征决定其必然是公共产品。正外部性产品中的城市品牌效益、生活质量效益、心理收入效益,既具有非竞争性又体现了社会共同需要,是美好生活的获得感与幸福感的来源,三者均为公共产品。另外,根据前文公共产品理论与外部性理论的梳理得知,公共产品是一种特殊的正外部性产品,二者界限比较模糊,因而本研究把城市品牌效益、生活质量效益、心理收入效益既理解为俱乐部产生的公共产品,又理解为俱乐部产生的正外部性效益。一方面,母企业品牌效益、权利型产品(转播权、广告权、赞助权等)、纪念品消费上具有极强的非竞争性,亦并非公共选择的结果,是私人产品无疑。另一方面,职业体育赛事满足了公众的体育赛事观

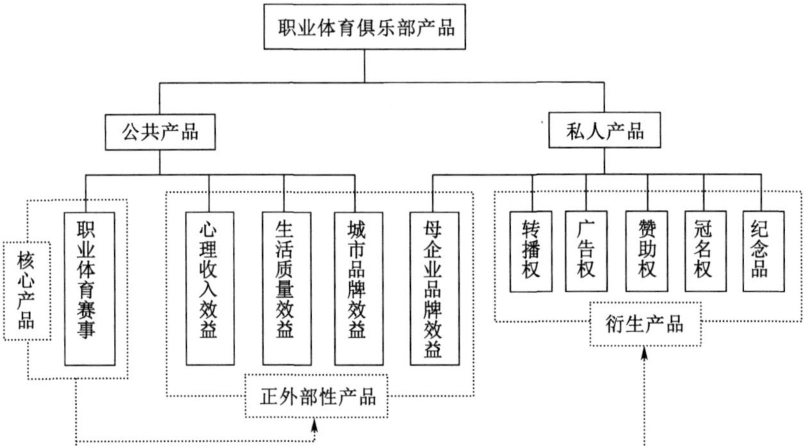

图 4-2 职业体育俱乐部产品属性

赏需求，其价值可以通过售票排他的方式获取。权利型产品是俱乐部收入结构的核心部分，是职业体育俱乐部实现利润最大化的保障，可以通过市场交易的方式获取其价值。城市品牌效益、生活质量效益、心理收入效益因无法有效排他而不能通过市场交易的方式获取其产生的价值，故把这部分无法通过市场交易获取的公共产品价值称为"非市场价值"。据此可认为，从主场城市及其居民的视角看，这些效益关系到城市发展及居民美好生活，可认为是职业体育俱乐部非市场价值的构成部分。

4.2 非市场价值构成：主场城市及其居民视角下的正外部性效益

如果说职业体育俱乐部及其场馆所创造的经济效益可以忽略不计甚至是负面的，那么地方政府补贴职业体育俱乐部的经济效益理由便站不住脚了。既然经济效益不足以证明地方政府补贴的合理性，是否还有其他理由可以证明？从城市发展与居民生活的视角看，城市品牌效益、心理收入效益、生活质量效益等职业体育俱乐部产生的正外部性效益能够证明地方政府补贴的合理性。这些效益对俱乐部所在城市及其居民至关重要，关系到城市发展进程及居民美好生活。如果能为城市带来总的净收益，那么地方政府就应该补贴职业体育俱乐部。这符合与公共政策决策相关的卡尔多-希克斯准则（即总成本不会超过总收益，或者受益者获得的收益完全可以对受损者的损失进行补偿，还会变得更好），只要总效益大于总成本而使社会总福利增加，政策就可以采纳[183]。换句话说，只要地方政府补贴金额不超过正外部性效益创造的价值，补贴就是合理的。事实上，大多数对经济效益质疑与批判的研究也没有强调补贴是糟糕的公共政策，相反他们建议问题讨论的焦点应该在于识别和评估这些正外部性效益方面[90,184]。社会学家也指出，职业体育俱乐部的重要性不在于其作为企业性组织所创造的经济效益，而在于其作为社会化机构所创造的社会价值[24]。因而，基于主场城市及其居民视角的职业体育俱乐部正外部性效益可能是证明地方政府补贴合理性的理由。

4.2.1 城市品牌效益：形象塑造与知名度提升

因为职业体育俱乐部的存在，主场城市被视为"大联盟城市"或"世界级城市"。职业体育俱乐部可以帮助城市塑造一种新的形象，如印第安纳波利斯从无名小城转变为著名体育城市；或者可以转变一个城市的负面形象，如克利夫兰曾经是重污染的工业城市，一度被嘲讽为“湖上的错误”，现在转变为一个“大联盟城市”[185]。Eisinger[186]声称，城市领导人强调城市形象效益不是最终目的，是为了通过形象塑造吸引外来投资者和优秀人才。具体来说，职业体育俱乐部的存在会影响企业的选址决策，企业更倾向于在拥有“大联盟城市”声誉的城市落户。一些企业决策者曾公开表示，一个城市的体育地位是他们考虑的因素之一[89]。另外，许多城市都在被塑造成一个安全、好客的形象，而职业运动队的存在成为城市安全、好客的象征[187]，增强了对外来游客的吸引力。简而言之，在同等情况下，职业体育俱乐部塑造的新形象(如安全、好客、激情、活力等)增强了主场城市的竞争优势，这种竞争优势既可以吸引投资者与人才，又可以吸引外来游客。

各种媒体对职业体育俱乐部铺天盖地的报道增强了主场城市的知名度。当职业体育俱乐部被报纸杂志等出版物、电视及电子媒体大量报道时，这座城市的名字就会在全国甚至全世界曝光，特别是当职业体育俱乐部进入季后赛或者总决赛时，曝光度将进一步增强。当然，城市曝光度与职业体育俱乐部的知名度息息相关，俱乐部的历史、成绩及职业联赛级别决定了俱乐部的知名度，进而决定主场城市知名度的提升程度。顶级联赛俱乐部的知名度通常比低级别联赛俱乐部要大得多，特别是一些全球知名的顶级联赛(如美国四大职业体育联盟、欧洲足球五大联赛)，这些联赛的俱乐部成为其所在城市的重要象征，提及俱乐部人们就会联想到俱乐部所在的城市。因此，顶级联赛俱乐部成为世界各城市进行城市营销的重要法宝。

4.2.2　心理收入效益:情感体验与获得

心理收入是居民感知到的他们所获得的情感和心理上的收益，即使他们没有亲自观看职业体育赛事，也没有参与活动[90]。如果一家大型企业来到城市，政府官员和企业高管可能会兴奋，但普通居民并不会，因为经济效益对他们来说是无形的和非人情味的。相比之下，当一家职业体育俱乐部来到一座城市，广大居民会变得激动并认同。职业体育俱乐部是对城市居民情感的投资，使广大居民对其产生情感依恋，并从中获得心理收入。心理收入使一些人从沉闷的生活方式中逃离出来，使他们认同俱乐部、认同城市，并获得更多的情感体验。有学者研究得出，心理收入包括五个方面的情感体验与获得[90]：① 自豪感，既有生活在一座“大联盟城市”所产生的自豪感，也有因为俱乐部的存在城市知名度提升而产生的自豪感。② 社会互动，职业比赛将不同阶层、性别或经济地位的人聚集在一起，为球队呐喊、助威、喝彩，改善了社会关系与家庭关系，增强了团队合作,加深了友谊并弱化了社会疏远感。③ 观赛激情,球队获得冠军或赢得某一场比赛时带来的激情,或为比赛场上球员顽强拼搏的欢呼。④ 集体自尊感,俱乐部获胜增强了居民的自尊感。⑤ 情感涉入,大多数居民在情感上与俱乐部关联,获胜时所有居民都会感受兴奋与快乐并使其集体士气得到提升,失败时就会感到焦虑与沮丧,但还是始终如一地支持。

4.2.3　生活质量效益:幸福感与生活满意度提升

职业体育俱乐部的存在有助于主场城市成为一个有吸引力的居住地。职业体育俱乐部不仅仅是追求赢利的企业,还是重要的文化资产,如同艺术博物馆和交响乐团,因为职业体育俱乐部的存在,主场城市被认为是一个适合生活的好地方[188]。职业体育俱乐部所产生的生活质量效益对主场城市居民美好生活有着重要的贡献,但由于生活质量效益难以量化,地方政府及职业体育俱乐部很少关注这种效益。本书讨论的生活质量效益是指居民在精神文化层面从居住城市获得的生活满意度与幸福感,即职业体育俱乐部的存在如何有助于提高城市居民的生活满意度或幸福感。首先,在电视上观看比赛、在收音机里收听比赛、阅读俱乐部及比赛的相关新闻丰富了人们的生活方式;其次,职业体育比赛为人们提供一个社会交流与建立友谊的机会,素不相识的人聚集在一起为同一支球队加油呐喊,有可能因此成为朋友;最后,球队的表现或者俱乐部的决策是亲朋好友之间长期谈论的话题,或者有关球员的花边新闻也能成为亲朋好友之间的笑料[81]。这些“观赛”“听赛”“新闻”“聚会”“话题”“笑料”和主场城市舒适的天气、优美的景色一样具有公共产品属性,能为每个居民所共享。以上生活质量效益丰富了居民的生活内容,提升了生活满意度与幸福感。有实证研究通过对主场城市居民的调查发现,职业体育俱乐部是幸福感的源泉之一,60%的受访者表示在没有职业体育俱乐部的情况下,生活便会失去很多乐趣,而乐趣又是居民支持城市留住职业体育俱乐部的关键因素[56]。

综上所述,职业体育俱乐部产生的正外部性效益是地方政府补贴的决定性因素,能够证明地方政府对俱乐部补贴的合理性。职业体育俱乐部的存在,为主场城市塑造了新的形象并提升了其知名度,进而提升居民对城市的认同感与归属感;为居民增添诸多生活乐趣,提高生活满意度与幸福感;增强了居民的情感体验与获得感,使一些人从沉闷的生活方式中逃离出来,并树立了积极的人生态度。但这些效益因具有非竞争性的公共产品属性且无有效排他技术或手段,不管有没有为现场观赛或直播观赛付费,每个居民都能享受,俱乐部也无法通过市场交易的方式获取其价值,故把这部分价值称为非市场价值。也正是因为职业体育俱乐部无法向享受这些正外部性效益的居民收取任何费用，进而导致总经济价值的损失。地方政府作为公共产品的提供者和公共利益的维护者，有必要对职业体育俱乐部进行补贴，补贴金额应根据非市场价值大小来确定。

4.2.4 实践启示：我国地方政府补贴理由的转向

4.2.4.1 经济效益：依然难以成为我国地方政府补贴职业体育俱乐部的理由

美国地方政府补贴职业体育俱乐部先是以经济效益为理由，而后转向正外部性效益。之所以发生转变，是因为经济学家的实证研究一致表明，经济效益难以证明地方政府补贴的合理性。那么，其他国家有关职业体育俱乐部对当地经济影响的实证研究结论是否和美国一致呢？Värja[86]通过各种回归技术分析了瑞典职业足球俱乐部与职业冰球俱乐部对当地经济的影响，结果表明：二者对税收增长均没有产生积极影响；职业足球俱乐部对人均收入没有影响，职业冰球俱乐部对人均收入存在负面影响，并表示地方政府补贴不能以经济效益为理由。Storm 等[87]通过空间面板回归技术分析了丹麦职业手球、冰球及足球俱乐部对当地人均收入及其增长率的影响，结果表明：职业手球俱乐部对当地人均收入及其增长率有很小的正面影响；职业足球俱乐部对当地人均收入及其增长率无统计意义上的影响；职业冰球俱乐部对当地人均收入及其增长率有显著的负面影响。

我国关于职业体育俱乐部对当地经济影响的实证研究还未涉及，那么我国职业体育俱乐部的经济效益是否显著呢？本书认为我国职业体育俱乐部对当地的经济影响和美国实证研究结论是一致的。首先，一般职业体育俱乐部要缴纳的税款包括营业税（门票收入的 3%，广告收入的 5%）、增值税（纪念品销售收入的 17%）、企业所得税（利润总额的 25%）、教育附加费（营业税的 3%）、文化事业建设费（营业税的 3%）、城投税（营业税的 7%）[189]。我国职业体育市场发展还不成熟，各职业体育俱乐部处于亏损状态，所以亏损的职业体育俱乐部在税收方面的贡献是可以忽略不计的。其次，职业体育俱乐部是自负盈亏的企业性组织，不管是美国职业体育俱乐部或是欧洲职业体育俱乐部，还是中国职业体育俱乐部，在人员结构上（经营管理者、教练、球员、临时性服务人员）都是相似的，美国职业体育俱乐部在就业机会创造上可提供的岗位为 200 个左右，中国职业体育俱乐部可提供的就业岗位也应该大致相同。最后，在人均收入方面，主队球迷的消费由于休闲支出的限制，不过是休闲消费在主场城市各经济部门之间的转换而非增长，因而主队球迷消费支出创造的人均收入是以牺牲其他部门人均收入为代价的。只有客队球迷带来的额外消费，相关的酒店业、休闲娱乐业及零售业等部门员工的收入才是净增长。据了解,中超各赛场为客队球迷预留的座位数一般为 2 000～3 000 个,实际上却很少达到 2 000 或以上,那么客队球迷消费支出对主场城市消费总量而言无疑是沧海一粟。由此说明,我国职业体育俱乐部作为经济个体在城市经济中只是一个小角色,在就业、人均收入、税收等方面的贡献是微不足道的。

4.2.4.2　正外部性效益:应当引起我国地方政府的重视

职业体育俱乐部生产职业体育赛事的目的在于赢利并实现利润最大化,职业体育赛事在给俱乐部带来各种经济收益的同时,正外部性效益(城市品牌效益、生活质量效益、心理收入效益)在生产过程中外溢给了主场城市及其居民。这些效益因具有非竞争性的公共产品属性且无有效排他手段而独立于市场机制之外,职业体育俱乐部无法通过市场交易的方式获取其价值。在市场机制作用下,职业体育俱乐部的市场价值可以通过门票、赞助、转播、广告、冠名等收入获取,而正外部性效益创造的非市场价值外溢无疑给俱乐部带来了经济效率的损失。若不通过地方政府补贴予以激励,职业体育俱乐部则可能采取搬迁等消极行为,或导致降级甚至破产的不利后果。美国地方政府补贴旨在阻止职业体育俱乐部的搬迁,并激励俱乐部更多更好地发挥正外部性效益。我国职业体育俱乐部在普遍亏损的情况下,更需要地方政府以补贴方式实现可持续发展,并驱动俱乐部发挥正外部性效益的积极性与能动性。

我国地方政府以扶持职业体育俱乐部发展为理由对其进行补贴同样不具合理性,在美国地方政府补贴职业体育俱乐部理由转变的启示下,未来我国地方政府将如何优化补贴行为呢？首先,我国地方政府应该对职业体育俱乐部的正外部性效益引起重视。我国地方政府对职业体育俱乐部补贴的践行忽略了城市品牌效益、生活质量效益及心理收入效益等正外部性效益体现的“公共性”“外部性”“福利性”,忽略了非市场价值对社会福利总量的增加。它对职业体育俱乐部所在城市及其居民至关重要,关系到城市发展进程及居民美好生活。因此,以正外部性效益为理由方能体现补贴的合理性,亦能获得公众的认同与支持,但补贴金额应根据非市场价值的大小来确定。CVM 的引入,为职业体育俱乐部非市场价值评估提供了可能,并成为相对理想的方法。美国职业体育俱乐部非市场价值评估的 CVM 应用研究表明,如何界定评估内容与调查范围,避免 CVM 自身的各种偏差成为准确衡量俱乐部非市场价值的关键。未来我国应用 CVM 评估职业体育俱乐部非市场价值时,应在本土化的基础上参考美国研究的不足。其次,外部性有正也有负,职业体育赛事的生产也会带来一些负外部性影响,如噪声污染、交通拥堵、打“假球”导致比赛质量下降等,这些负外部性影响与正外部性影响相比要小得多[190]。不过在非市场价值估算时应将其纳入评估范围，以激励职业体育俱乐部积极发挥正外部性效益的同时有效规避负外部性。最后，根据公共财政支出"统筹兼顾、保证重点"的原则，教育、医疗、养老等基本公共服务，公共财政支出应优先考虑[120]，在保证基本公共服务的前提下兼顾有助于城市发展与居民美好生活的正外部性效益或公共产品与服务。职业体育俱乐部提供的职业体育赛事观赛服务及其衍生的正外部性效益，并不属于基本公共服务范畴，地方政府补贴职业体育俱乐部还需遵照"统筹兼顾、保证重点"的公共财政支出原则。

4.3 本章小结

根据公共财政支出原则，财政补贴支出必须是企业产生了市场机制无法发挥作用的公共产品或正外部性效益。职业体育俱乐部是否产生了难以在市场上进行交易的公共产品或正外部性效益是地方政府补贴的理由，补贴金额应根据非市场价值大小来确定。如果俱乐部产生了无法进行市场交易的公共产品或正外部性效益，地方政府补贴是合理的，或者说地方政府补贴是在正外部性效益难以通过市场机制内部化的情况下，以政府干预的方式实现正外部性效益内部化的途径。如果职业体育俱乐部没有产生无法进行市场交易的公共产品或正外部性效益，基于其他理由的地方政府补贴则破坏了市场规律，扰乱了市场秩序。所以对俱乐部产品属性的解析是非市场价值构成分析的前提。当前职业体育俱乐部产品属性界定存在"准公共产品"和"私人产品"两种观点。这是由于对公共产品理论的理解存在误区及只以职业体育赛事为界定对象，事实上，职业体育俱乐部产品是以职业体育赛事为核心产品并包含正外部性产品与衍生产品的产品包，只以职业体育赛事为研究对象难以全面反映职业体育俱乐部产品的真实属性。基于"非竞争性"与"社会共同需要"对产品包逐一进行分析，结果发现职业体育俱乐部产品既包含公共产品又包含私人产品。包含于正外部性产品中的城市品牌效益、生活质量效益、心理收入效益既具有非竞争性，又体现了社会共同需要，是美好生活的获得感与幸福感的来源，三者均为公共产品。鉴于公共产品是一种特殊的正外部性产品，二者界限比较模糊，因而城市品牌效益、生活质量效益、心理收入效益既可理解为俱乐部产生的公共产品，又可理解为俱乐部产生的正外部性效益。三者证明了地方政府补贴职业体育俱乐部的合理性，也为非市场价值的构成提供了一个理论框架，但三者是基于主场城市及其居民视角的正外部性效益。

正外部性效益在职业体育俱乐部的生产过程中外溢给了主场城市及其居民,城市品牌效益为主场城市塑造了新的形象并提升了其知名度,进而提升居民对城市的认同感与归属感;生活质量效益为居民增添诸多生活乐趣,提高生活满意度与幸福感;心理收入效益增强了居民情感体验与获得感,使一些人从沉闷的生活方式中逃离出来,并树立了积极的人生态度。但这些效益因具有非竞争性的公共产品属性且无有效排他技术或手段而独立于市场机制之外,不管有没有为现场观赛或直播观赛付费,每个居民都能享受,俱乐部也无法通过市场交易的方式获取其价值,故把这部分价值称为非市场价值。也正是因为职业体育俱乐部无法向享受这些正外部性效益的居民收取任何费用,进而导致总经济价值的损失。地方政府作为公共产品的主要提供者和公共利益的维护者,有必要对职业体育俱乐部进行补贴,补贴金额应根据非市场价值大小来确定。但职业体育俱乐部城市品牌效益、生活质量效益、心理收入效益产生的非市场价值难以用传统的市场估值方法进行衡量。有研究通过消费者剩余来估算正外部性效益的非市场价值,但消费者剩余只能衡量球迷消费所产生的剩余价值,忽略了对城市及非球迷产生的正外部性效益[191]。我国地方政府对职业体育俱乐部补贴未以正外部性效益为理由:一方面,可能是由于正外部性效益难以用传统市场估值方法进行衡量;另一方面,忽略了城市品牌效益、生活质量效益及心理收入效益体现的“公共性”“外部性”“福利性”,忽略了其产生的非市场价值导致社会福利总量的增加。

第 5 章

非市场价值评估:上海申花足球俱乐部的实证研究

5.1 预调查

5.1.1 预调查目的与任务

由于CVM信息偏差、引导技术偏差、策略偏差、起点偏差等偏差问题的存在,CV调查结果的有效性与可靠性倍受质疑,国内外对调查结果有效性与可靠性验证的研究表明预调查是避免部分偏差的有效措施。本书的预调查目的有三个:获取双边界二分式引导技术的初始投标值范围;掌握切合实际的支付方式与拒绝支付的原因;了解受访者对假设情境中虚拟市场的可信性与被评内容的理解力。投标值范围过大或过小均会影响评估结果的有效性与可靠性,WTP投标值范围的确定主要是避免正式调查中因为初始投标值设计不合理带来的起点偏差而使受访者高估WTP,或者最高投标值设计不合理而使受访者低估WTP。

预调查中WTP引导技术在支付卡式的基础上结合开放式问题格式,目的在于取得合理的初始投标值及间隔信息,为正式调查的双边界二分式引导技术提供有效信息。根据上海申花足球俱乐部2018年单场比赛门票、月票、季票、年票价格设计了一个WTP投标值集合:0元、50元、100元、500元、600元、700元、800元、900元、1 000元、1 000元以上(请在横线上填写具体金额__________)。"0元"表示受访者拒绝支付,并询问其拒绝支付的原因,最后一个投标值为开放式问题格式旨在了解受访者最大支付意愿。支付方式确定时,合乎实际并可信的虚拟市场要求必须选择恰当的支付方式引导受访者的支付意愿。当前美国职业体育领域CVM应用研究的支付方式是以税收的形式缴纳给政府;欧洲职业体育领域CVM应用研究存在两种支付方式,一是成立一个公民自愿捐助基金,二是购买球迷债券。但本书认为球迷债券是一种具有一定收益回报的投资工具,受访者会存在夸大支付意愿的可能。在本书的预调查中,选择“成立一个市民自愿捐助基金并专款专用”“以税收的形式缴纳给政府”“以现金形式捐给上海申花足球俱乐部”,第四个选项为一个开放式问题,意在询问受访者认为合理的支付方式。现有研究中针对拒绝支付的原因进行探讨的并不多,Castellanos 等[59]调查后将拒付原因归结为“俱乐部应该自负盈亏”“家庭收入预算限制”“根本不喜欢足球”“其他原因”。在其基础上,本书将拒绝为上海申花足球俱乐部支付的原因归结为“上海申花足球俱乐部是企业性组织,应该自负盈亏”“家庭可支配收入预算的限制”(认为可支配收入更能体现居民在休闲消费方面的支付能力)、“应该由上海市政府给予补贴”“申花成绩太差”“根本不喜欢足球运动”“其他原因(请注明)__________”,其他原因是一个开放式问题,旨在了解本研究未考虑到的其他原因。

预调查问卷采取现场发放的方式,分别在上海市共青森林公园、虹口足球场(申花主场)附近的鲁迅公园、人民公园、世纪公园进行。最终收集问卷 168 份,其中有效问卷 124 份。有效问卷中愿意支付问卷 84 份,拒绝支付问卷 40 份,受访者意愿支付的比例为 67.7%,拒付比例为 32.3%。

5.1.2　WTP 值分布

据表 5-1 所示,投标值选择 100 元(百分比最高,为 19.4%),其次是 500 元和 1 000 元(18.5%),然后是 50 元、2 000 元、200 元、300 元、800 元(百分比依次为 8.1%、8.1%、6.5%、4.8%、4.0%),最高值为 5 000 元(4.0%),投标值范围为 50～5 000 元。投标值范围过大或过小均会影响评估结果的有效性与可靠性,蔡春光、周振民、查爱萍等[71,167-168]指出,在投标值的设计中应尽量达到其范围恰好覆盖整个样本的 WTP,即对最小投标值的接受率接近 100%,对最大投标值的拒绝率几乎为 0。从预调查投标值的分布情况来看,可选择 100 元为第一个初始投标值,4 000 元为最后一个初始投标值,5 000 元作为最大投标值,50 元作为最小投标值。关于初始投标值的设定,敖长林等[169]研究指出双边界二分式的初始投标值数量大于 5 时,其对 WTP 估计值的影响程度越来越小。Cooper[170]指出对于二分式引导技术初始投标值数量及样本在各投标值分布的最优设计结果,11 个初始投标值较为理想。本书采用 11 个初始投标值,分别为 100 元、200 元、300 元、500 元、700 元、1 000 元、1 500 元、2 000 元、2 500 元、3 000 元、3 500 元,总体样本量在各初始投标值之间平均分配。

表 5-1 WTP 频数分布

WTP/元	频数	百分比/%	累积百分比/%
50	10	8.1	8.1
100	24	19.4	27.4
200	8	6.5	33.9
300	6	4.8	38.7
500	23	18.5	57.3
600	2	1.6	58.9
700	1	0.8	59.7
800	5	4.0	63.7
1 000	23	18.5	82.3
1 200	1	0.8	83.1
1 500	1	0.8	83.9
2 000	10	8.1	91.9
2 500	2	1.6	93.5
3 000	2	1.6	95.2
3 800	1	0.8	96.0
5 000	5	4.0	100.0
合计	124	99.9	

注:"百分比"列的数值为四舍五入后的结果,下同。

5.1.3 支付方式

据表 5-2 所示,三种支付方式中,选择"成立一个市民自愿捐助基金并专款专用"的受访者百分比(40.3%)远高于"以税收形式缴纳给政府"(27.4%)与"以现金形式捐给上海申花足球俱乐部"(24.2%)。这说明当前部分受访者对政府与俱乐部的公信力缺乏信任。在"其他"的开放式问题格式中(8.1%),有10 个受访者提出了个人见解,可归结为"购买门票"(3 人)、"购买申花周边产品"(3 人)、"直接买票和购买周边产品"(1 人)、"支付宝"(1 人)、"股权抵押或者会员费"(1 人)、"全面收购上海申花足球俱乐部"(1 人)。其中后三种方式是缺乏理性思考的答案,完全不适合于以居民为调查对象的支付意愿调查。"购买门票"和"购买申花周边产品"也不是很贴切,门票和周边产品体现的价值包含了其自身市场价格和消费者剩余,即使在整个城市居民都购买门票和周边产品的情况下,消费者剩余也只能部分反映俱乐部正外部性效益产生的非市场价值。因此,本书选择"成立一个市民自愿捐助基金并专款专用"为支付方式。

表5-2　支付方式统计

支付方式	频数	百分比/%	累积百分比/%
成立一个市民自愿捐助基金并专款专用	50	40.3	40.3
以税收的形式缴纳给政府	34	27.4	67.7
以现金形式捐给上海申花足球俱乐部	30	24.2	91.9
其他	10	8.1	100.0
合计	124	100.0	

5.1.4　支付动机

欧美研究通过区分受访者现场观赛比例与俱乐部公共产品消费(阅读新闻、谈论相关新闻或事件、收听新闻)比例来区分俱乐部的使用价值与非使用价值,然后以非使用价值衡量俱乐部的非市场价值。我国旅游风景名胜区的非市场价值评估通过支付动机比例来确定风景名胜区的选择价值、遗产价值及存在价值[168]。本书预通过支付动机调查来确定上海申花足球俱乐部产生的城市品牌价值、生活质量价值及心理收入价值的构成比例,为地方政府补贴上海申花足球俱乐部提供侧重点。以"上海申花足球俱乐部的存在提升了上海市的知名度、形象与声誉"的支付动机比例代表城市品牌价值比例,以"上海申花足球俱乐部的存在增强了上海居民的自豪感、认同感与归属感"支付动机比例代表心理收入价值比例,以"上海申花足球俱乐部的存在丰富了上海居民的文化生活,增添了很多生活乐趣"支付动机比例代表生活质量价值比例。从预调查的结果来看(表5-3),城市品牌价值、心理收入价值、生活质量价值的比例分别为28.2%、38.7%、33.1%,待与正式调查结果比较。

表5-3　支付动机统计

支付动机	频数	百分比/%	累积百分比/%
上海申花足球俱乐部提升了上海市的知名度、形象及声誉	35	28.2	28.2
上海申花足球俱乐部增强了上海居民的自豪感、认同感与归属感	48	38.7	66.9
上海申花足球俱乐部的存在丰富了上海居民的文化生活,增添了很多生活乐趣	41	33.1	100.0
合计	124	100.0	

5.1.5 拒绝支付原因

拒绝支付原因预调查，旨在了解受访者对预设拒绝支付原因是否理解与认可，以及是否还存在预设拒绝支付原因之外的原因。预调查中共计 40 份拒绝支付问卷，如表 5-4 所示。排在首位的拒绝支付原因为“上海申花足球俱乐部是企业性组织，应该自负盈亏”，占比 30.0%；其次是“上海申花足球俱乐部成绩太差”与“根本不喜欢足球运动”，占比均为 17.5%；然后是“应该由上海市政府给予补贴”与“家庭可支配收入预算限制”，占比分别为 15.0%和 5.0%。选择“其他”原因的问卷共计 6 份，其中 3 份没有填写具体原因，1 份填写“比赛时太吵，影响休息”，2 份为“比赛开始前和结束后交通很拥挤”。这两个原因可归纳为“比赛产生的噪声与交通拥堵给人们的生活和出行带来了不便”，为职业体育俱乐部的存在所带来的负外部性效应。

表 5-4 拒绝支付原因

拒付原因	频数	百分比/%	累积百分比/%
上海申花足球俱乐部是企业性质组织，应该自负盈亏	12	30.0	30.0
应该由上海市政府给予补贴	6	15.0	45.0
家庭可支配收入预算限制	2	5.0	50.0
上海申花足球俱乐部成绩太差	7	17.5	67.5
根本不喜欢足球运动	7	17.5	85.0
其他	6	15.0	100.0
合计	40	100.0	

5.1.6 假设情境

预调查假设情境包含上海申花足球俱乐部的历史与地位、评估内容正外部性效益（城市品牌效益、生活质量效益、心理收入效益）的描述、评估内容正外部性效益与俱乐部成绩之间的关系、上海申花足球俱乐部夺冠对上海建设“全球著名体育城市”的意义以及虚拟市场构建。在预调查过程中，发现假设情境设计内容过于冗长，受访者要么直接略过，要么在阅读过程中表现出一定程度的厌烦情绪。存在受访者对正外部性效益与上海申花足球俱乐部夺冠之间的关系不明白的情况，因而难以理解为什么要支付一定金额帮助申花俱乐部引进更多国内外优秀球员以获得中超或亚洲足球俱乐部冠军联赛（简称亚冠联赛）冠军。正式调查问卷假设情境将根据相关问题做出相应调整。

上海申花足球俱乐部自1994年我国职业足球联赛开展伊始便已成立，是上海市拥有的第一家顶级联赛职业俱乐部，甲A时代夺得两次冠军，中超时代夺得三次亚军、一次季军。二十多年间，在上海市政府及居民的支持下，俱乐部虽然几经更换投资人，但“申花”二字一直保留，也未因财务危机破产解散。上海申花足球俱乐部与上海血脉相连，如同东方明珠塔一样象征着上海，代表着上海的职业体育发展史，其存在为上海及其居民带来了积极的无形效益。该俱乐部如同上海的一张名片，国内外各种媒体对俱乐部的宣传报道提升了上海的知名度与形象。在现场或电视网络媒体上观看比赛为球迷带来激情，球队成绩或俱乐部决策成为亲友间交谈的话题，俱乐部及比赛相关新闻的阅读给居民生活增添了许多乐趣，比赛为聚会提供了机会，获胜或夺冠增强了居民的自豪感、认同感、归属感等心理收益。这也是为什么上海申花足球俱乐部能够得到上海市政府及其市民大力支持的原因。

上海申花足球俱乐部在中超时代未能获得冠军，2011年至今中超排名处于中下游（7～11名，除了2016年为第4名）。同城德比的上海海港足球俱乐部2018年获得了中超联赛冠军，2015、2017年获得中超联赛亚军，2017年还获得亚冠联赛第4名。上海海港足球俱乐部作为新兴俱乐部之所以在“冲超”成功后的7年间就夺得冠军，与其投入巨额财力、引进国内外优秀球员息息相关。上海海港足球俱乐部夺冠对于上海建设“全球著名体育城市”有着重要的意义，上海申花足球俱乐部作为老牌俱乐部如能夺得中超或亚冠联赛冠军，对上海及其市民的意义更加非凡。未来五年内，在家庭可支配收入预算内您的家庭每年愿意支付多少钱？

5.2　正式调查问卷设计

问卷设计是CVM研究的关键环节，问卷结构安排、假设情境中俱乐部相关信息描述与虚拟市场构建、引导技术选择、初始投标值范围及数量、样本量大小、WTP影响因素确定等方面都将影响到调查结果的有效性与可靠性。此外，由于受访者对职业体育俱乐部正外部性效益的需求存在偏好，即部分受访者对正外部性效益不感兴趣，那么就不会有支付意愿。因此，要先询问支付意愿，再就投标值（支付金额）进行询问。

5.2.1 问卷结构

本研究的问卷编制以欧美国家职业体育俱乐部CVM应用研究相关文献为基础，基于我国职业体育俱乐部的本土化特征以及我国居民生活方式与消费特点，在借鉴的前提下对相关变量进行合并、增设及删除，最终满足本研究的要求。正式调查问卷包括四个部分：第一部分，上海申花足球俱乐部相关信息描述；第二部分，支付意愿询问，包括虚拟市场构建与双边界二分式引导技术下的WTP投标值选择，以及愿意支付的动机与拒绝支付的原因调查；第三部分，支付意愿影响因素确定，包括受访者的足球运动涉入度、城市品牌效益、生活质量效益、心理收入效益感知等态度和行为因素以及干扰因素（支付金额、俱乐部历史、俱乐部成绩）；第四部分，受访者的人口统计学特征，包括性别、年龄、教育、家庭收入、户籍、居住时间、居住地点等。

5.2.2 假设情境之俱乐部相关信息描述

假设情境中全面准确、清晰易懂的俱乐部相关信息描述有助于增强受访者对被评对象与内容的熟悉程度。根据预调查发现的假设情境中信息描述存在的问题，正式问卷设计时，精简了俱乐部相关信息描述的内容，并尽量确保易于被受访者理解。俱乐部相关信息描述包含上海申花足球俱乐部的历史与地位、评估内容正外部性效益（城市品牌效益、生活质量效益、心理收入效益）、评估内容正外部性效益与俱乐部成绩之间的关系等，相关信息描述如下：

上海申花足球俱乐部自1994年我国职业足球联赛开展伊始便已成立，是上海市拥有的第一家顶级联赛职业俱乐部，甲A时代夺得两次冠军，中超时代夺得三次亚军、一次季军（2004—2010年）。上海申花足球俱乐部与上海血脉相连，如同东方明珠塔一样代表着上海，代表着上海的职业体育发展史。上海申花足球俱乐部的存在为上海及其居民带来了积极的无形效益，如城市品牌效益（上海知名度、形象及声誉的提升）、生活质量效益（阅读或收听俱乐部相关的新闻，与亲友讨论俱乐部相关的话题等丰富了生活方式，增添了生活乐趣）、心理收入效益（获胜或夺冠增强了居民的自豪感、认同感、归属感等）。这些效益的价值大小由俱乐部成绩决定，而俱乐部成绩又由国内外优秀球员的数量决定。同城德比上海海港足球俱乐部在2012年“冲超”成功后的7年间就夺得冠军，与其投入巨额财力引进国内外优秀球员息息相关。2011年至今上海申花足球俱乐部中超排名处于中下游（7～11名，除了2016年为第4名），严重影响了其在中超的地位及无形效益创造的非市场价值大小。上海海港足球俱乐部夺冠对于上海建设“全球著名体育城市”有着重要的意义,上海申花足球俱乐部作为老牌俱乐部如能夺得中超或亚冠冠军,对上海及其居民的意义更加非凡。

5.2.3　虚拟市场、WTP 引导技术、投标值设计、支付动机及拒绝支付原因

虚拟市场的可信性直接决定着调查结果的有效性与可靠性,如果受访者认为这种情况是不可信的,那么给出的 WTP 就会背离实际的 WTP 值[32]。为了避免部分受访者直接跳过假设情境的信息描述部分直接作答,故在虚拟市场构建时再次描述了正外部性效益。鉴于受访者对正外部性效益存在需求偏好,即可能感兴趣或可能不感兴趣,故在正式调查问卷虚拟市场的设计中首先在再次描述正外部性效益的基础上询问受访者的支付意愿,然后在家庭可支配收入预算约束提示下,询问是否愿意支付 X 元为成立一个居民捐助基金。

不同引导技术对支付意愿的影响很大,为提高评估结果的有效性与可靠性,合理选择引导技术至关重要。CVM 应用研究中的引导技术经过不断的完善与实证研究的验证,目前一致认为双边界二分式是 WTP 最为理想的引导技术,其获得的 WTP 均值准确度高于开放式、支付卡式、单边界二分式等引导技术,故本研究选择国际上比较认同且常用的双边界二分式作为 WTP 引导技术。首先就初始投标值询问受访者“愿意”还是“不愿意”,如果愿意则追加较高投标值再询问受访者“愿意”还是“不愿意”,如果不愿意则追加较低投标值询问受访者“愿意”还是“不愿意”。最终两次询问会产生四种选择结果:“愿意—愿意(Y—Y)”“愿意—不愿意(Y—N)”“不愿意—愿意(N—Y)”“不愿意—不愿意(N—N)”。双边界二分式给出的“愿意”或“不愿意”回答,与消费者面对一般商品市场价格时的“买”或“不买”消费决策非常相似,能够有效模拟市场交易行为。双边界二分式通过追问的方式将 WTP 限制在一个比较合理的区间,改良了单边界二分式容易产生价格偏差或错误的缺点。双边界二分式能够获得受访者比较真实的回应,不但可以避免起点偏差,还可以降低策略偏差,所得结果比单边界二分式更加精确。

本研究在预调查中采取支付卡式与开放式相结合的引导技术,为正式调查的双边界二分式引导技术提供了合理的 WTP 投标值范围。按照 Cooper[170] 关于二分式引导技术初始投标值数量与样本在各投标值分布的最优选择,双边界二分式的初始投标值要达到 11 个,在总体样本中平均分配各初始投标值的样本量。根据预调查 WTP 结果,以初始投标值为起点的投标值集合为 11 组,如第一组初始投标值为 100 元,较高投标值为 200 元,较低投标值为 50 元;下一

组的初始投标值为上一组较高值，即第二组初始投标值为 200 元，较高投标值为 300 元，较低投标值为 100 元。全部投标值集合如表 5-5 所示。

表 5-5 双边界二分式 WTP 投标值集合

WTP 投标值	1	2	3	4	5	6	7	8	9	10	11
初始投标值/元	100	200	300	500	700	1 000	1 500	2 000	2 500	3 000	3 500
较高投标值/元	200	300	500	700	1 000	1 500	2 000	2 500	3 000	3 500	5 000
较低投标值/元	50	100	200	300	500	700	1 000	1 500	2 000	2 500	3 000

主要支付动机调查旨在确定城市品牌价值、生活质量价值、心理收入价值的构成比例，并根据 WTP 总值与其比例的乘积来确定各部分价值的货币金额，为地方政府补贴上海申花足球俱乐部提供侧重点。本研究支付动机调查没有采取排序赋值选择的方式让受访者进行选择(如选择作为第一支付动机的赋予支付金额的 50%，选择作为第二支付动机的赋予支付金额的 30%，选择作为第三支付动机的赋予支付金额的 20%)，是因为支付动机反映的是受访者对城市品牌效益、生活质量效益、心理收入效益的偏好，偏好只能比较顺序，不能做量的比较，因而不能强制受访者确定偏好的具体量，也就无法确定每个偏好的比例，进而无法计算各部分价值的货币金额。故用主要支付动机(第一动机)代替全部动机，不做排序选择。通过预调查初步了解到，城市品牌价值、生活质量价值、心理收入价值的选择比例分别为 28.2%、33.1%、38.7%，待与正式调查结果进行比较。

通过预调查了解到，拒绝支付原因除了所列举的“上海申花足球俱乐部是企业性组织，应该自负盈亏”“应该由上海市政府给予补贴”“家庭可支配收入预算限制”“上海申花足球俱乐部成绩太差”“根本不喜欢足球运动”，还有开放式问题“其他”所体现的“比赛日带来噪声与交通拥堵”。正式调查问卷拒绝支付原因调查继续保留“其他__________”选项，以了解除本研究所列出的拒绝支付原因外，是否还有其他没有考虑到的原因。增加“更愿意支付给上海海港足球俱乐部”选项，预防受访者中有上海海港足球俱乐部的球迷或者支持者，他们是拒绝为上海申花足球俱乐部支付的。或者由于同为中超联赛俱乐部的上海海港足球俱乐部在 2018 年获得中超联赛冠军，其带来的正外部性效益大于上海申花足球俱乐部，受访者更愿意为上海海港足球俱乐部支付。本研究也能为支付意愿影响因素中的“俱乐部历史”和“俱乐部成绩”的探讨提供支撑。支付意愿询问具体如图 5-1 所示。

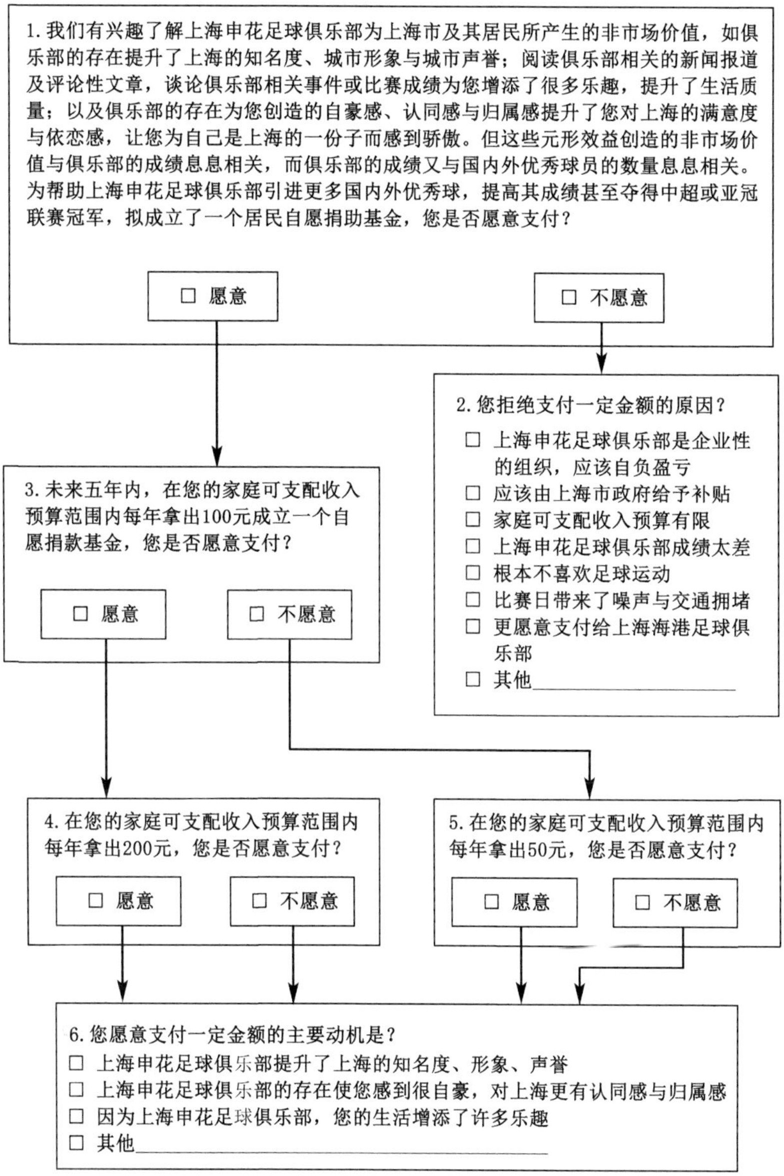
1. 我们有兴趣了解上海申花足球俱乐部为上海市及其居民所产生的非市场价值，如俱乐部的存在提升了上海的知名度、城市形象与城市声誉；阅读俱乐部相关的新闻报道及评论性文章，谈论俱乐部相关事件或比赛成绩为您增添了很多乐趣，提升了生活质量；以及俱乐部的存在为您创造的自豪感、认同感与归属感提升了您对上海的满意度与依恋感，让您为自己是上海的一份子而感到骄傲。但这些元形效益创造的非市场价值与俱乐部的成绩息息相关，而俱乐部的成绩又与国内外优秀球员的数量息息相关。为帮助上海申花足球俱乐部引进更多国内外优秀球，提高其成绩甚至夺得中超或亚冠联赛冠军，拟成立了一个居民自愿捐助基金，您是否愿意支付？
□ 愿意
□ 不愿意
2. 您拒绝支付一定金额的原因？
□ 上海申花足球俱乐部是企业性的组织，应该自负盈亏
□ 应该由上海市政府给予补贴
□ 家庭可支配收入预算有限
□ 上海申花足球俱乐部成绩太差
□ 根本不喜欢足球运动
□ 比赛日带来了噪声与交通拥堵
□ 更愿意支付给上海海港足球俱乐部
□ 其他________
3. 未来五年内，在您的家庭可支配收入预算范围内每年拿出100元成立一个自愿捐款基金，您是否愿意支付？
□ 愿意
□ 不愿意
4. 在您的家庭可支配收入预算范围内每年拿出200元，您是否愿意支付？
□ 愿意
□ 不愿意
5. 在您的家庭可支配收入预算范围内每年拿出50元，您是否愿意支付？
□ 愿意
□ 不愿意
6. 您愿意支付一定金额的主要动机是？
□ 上海申花足球俱乐部提升了上海的知名度、形象、声誉
□ 上海申花足球俱乐部的存在使您感到很自豪，对上海更有认同感与归属感
□ 因为上海申花足球俱乐部，您的生活增添了许多乐趣
□ 其他________

图 5-1　支付意愿询问

5.2.4 支付意愿影响因素确定

本研究支付意愿的影响因素以欧美及日本职业体育 CVM 应用研究为参考。首先,对相关研究中 WTP 的影响因素变量进行汇总,并对其进行归类。然后,根据本土化情境,选择研究所需变量并进行适当调整与修正,一方面根据研究需要增加新的变量,另一方面对变量归属进行调整,如"兴趣""参与""电视观赛"这三个变量可归为"足球运动涉入度"。最后,对所选变量进行本土化定义,如"兴趣",欧美研究中除了 Wicker 等[60]将"兴趣"定义为对足球运动的喜欢程度,其他均定义为对职业体育俱乐部的喜欢程度,这种定义是由于国外职业体育俱乐部主场城市的居民球迷化程度较高,而我国职业体育俱乐部主场城市的居民球迷化程度非常低,显然 Wicker 等对"兴趣"的定义不适用于我国研究。

5.2.4.1 变量来源

当前我国 CVM 的应用研究还未涉及职业体育,本研究的支付意愿影响因素变量来源于欧美及日本职业体育领域 CVM 应用研究文献(如表 5-6 所示)。对这些变量进行归类,大致可以分为人口统计学变量(性别、年龄、教育、家庭收入、家庭规模、居住时间、居住地点、种族)、公共产品变量(阅读、谈论、兴趣、乐趣、生活质量)、行为变量(主场观赛、电视观赛、获胜共鸣、夺冠游行)、干扰因素变量(支付额度、搬迁、获胜、经济危机)、正外部性效益变量[心理收入(快乐、悲伤、认同等)、城市声誉]。从中可以发现,美国与欧洲研究的支付意愿影响因素变量既有相同之处,也存在差异。如人口统计学变量,美国研究中涉及"种族"变量是因为种族问题是美国作为一个移民国家所面临的重大社会问题,而欧洲国家种族问题不是主要社会矛盾,在研究中可以不考虑此问题;城市品牌效益,美国多定义为"大联盟城市"地位,而欧洲则定义为"城市声誉";在干扰因素变量方面,美国研究和日本研究涉及了"支付金额",而欧洲研究不但考虑了微观因素(获胜)对支付意愿的影响,还考虑了宏观经济环境(经济危机)对支付意愿的影响。虽然欧洲职业体育领域的 CVM 应用研究是在借鉴美国研究的基础上展开的,但并没有完全照搬美国的研究,而是在本土化情境下遴选相关变量,并增加相关变量,以求支付意愿影响因素的分析更具解释力。因而,本研究将以欧美及日本研究为参考,遴选出适用于我国研究情境的支付意愿影响因素变量,并根据实证对象适当增加新变量。

表 5-6　欧美及日本 CVM 应用研究 WTP 影响因素

变量来源文献		WTP 影响因素变量
美国研究	Johnson 等[51]	主场观赛、公共产品(阅读、谈论、兴趣、生活质量)、人口统计学变量(性别、种族、年龄、居住时间、教育程度、收入)
	Johnson 等[52]	支付金额、主场观赛、电视观赛、庆祝夺冠、公共产品(阅读、谈论、兴趣、生活质量)、人口统计学变量(家庭收入、受教育程度、性别、种族、年龄)
	Owen[53]	兴趣、主场观赛、人口统计学变量(性别、年龄、收入、居住地点)
	Johnson 等[54]	支付金额、支付期限、现场观赛、大联盟城市地位、公共产品(阅读、谈论、收听广播)、人口统计学变量(年龄、收入)、改善种族关系、获胜共鸣
	Swindell 等[55]	性别、种族、家庭收入、观赛、居住时间、居住地点
	Fenn 等[56]	支付金额、公共产品(阅读、讨论、兴趣和乐趣)、超级碗、支出、城市声誉、搬迁、人口统计学变量(性别、年龄、种族、婚姻、收入、受教育程度)
欧洲研究	Castellanos 等[57]	支付金额、家庭收入、现场观赛、电视观赛、公共产品(阅读、谈论、关注、生活质量)、庆祝、人口统计学变量(性别、年龄、受教育程度)
	Castellanos 等[58]	人口统计学变量(性别、年龄、受教育程度、家庭收入)、现场观赛、电视观赛、支付金额、公共产品(阅读、谈论、关注、生活质量)、城市声誉
	Castellanos 等[59]	人口统计学变量(性别、年龄、家庭收入、受教育程度)、主场观赛、电视观赛、公共产品(阅读、谈论、关注、生活质量)、城市声誉、支付金额、经济危机、获胜
	Wicker 等[60]	人口统计学变量(性别、年龄、居住时间、居住地点、受教育程度、收入)、主场观赛、电视观赛、兴趣、参与、快乐、悲伤、认同、城市声誉、球星榜样、讨论
日本研究	Ishizaka 等[61]	人口统计学变量(性别、年龄、收入、家庭规模),支付金额、现场观赛、电视观赛、公共产品(阅读、谈论、关注、生活质量)、夺冠游行

5.2.4.2　变量遴选与修正

通过对国外职业体育领域 CVM 应用研究 WTP 影响因素变量的梳理,发现影响因素变量的选择有些杂乱,没有进行合理的归类,如“兴趣”“参与”“观赛”体现的是个体对足球运动的态度与行为表现,可以用“足球运动涉入度”来解释和度量,但本研究的“观赛”不是现场或电视观看俱乐部球队比赛,而是观看国内外足球比赛。或者一些变量的测量指标不完全，如城市品牌效益只是用“城市声誉”或“大联盟城市”地位的其中一个来进行衡量。心理收入效益绝大多数只通过“自豪感”来测量，Wicker 等[60]使用了“快乐”“悲伤”“认同”这些体现情感收益的变量来测量，这些都只是心理收入的一部分。基于此，现有研究中 WTP 影响因素可以修正为如表 5-7 所示：人口统计学变量(社会经济属性)、足球运动涉入度、城市品牌效益、生活质量效益、心理收入效益、干扰因素(调节变量)。WTP 影响因素变量的遴选与修正依据下文将做详细阐述。

表 5-7　WTP 影响因素遴选与修正结果

公共因子	解释性变量
人口统计学变量	性别、年龄、受教育程度、家庭可支配收入、居住时间、居住地点、户籍
足球运动涉入度	兴趣、参与、观赛(通过网络或电视观看国内外足球比赛)
城市品牌效益	城市知名度、城市形象、城市声誉
生活质量效益	阅读、谈论、乐趣、文化生活
心理收入效益	自豪感、认同感、归属感
干扰因素变量	支付额度、俱乐部成绩(联赛排名)、俱乐部历史

1. 人口统计学变量

国外研究中，人口统计学变量中或多或少包含“性别”“年龄”“受教育程度”“家庭收入”“居住时间”“居住地点”，本研究认为均有必要全部将这些变量纳入人口统计学变量并观察其对支付意愿的影响，但“家庭收入”改为“家庭可支配收入”更能体现对支付意愿的影响。此外，考虑增加“户籍”变量，因为上海作为我国的经济中心，外来人口众多且多为常住人口，因此有必要也将这部分人考虑在调查对象范围之内，以此观察上海户籍与非上海户籍受访者是否会对支付意愿产生影响。总体来讲，“性别”可以考察男女受访者在支付意愿上是否存在差异，“年龄”可以考察不同年龄层次人群支付意愿是否存在差异，“受教育程度”可以反映受访者对俱乐部正外部性效益的认知水平，“家庭可支配收入”可以反映受访者休闲消费的支付能力对支付意愿的影响，“居住时间”可以反映受访者融入上海工作生活的时间长短对支付意愿的影响，“居住地点”可以反映居住地距主场场馆的远近对支付意愿强烈程度的影响，“户籍”可以反映上海市民身份认同对支付意愿强烈程度的影响。

2. 足球运动涉入度

涉入理论在行为研究领域受到广泛关注和应用，如社会心理学、营销和广告等领域。涉入是个体基于自我需要、兴趣或价值观感知自我与产品或服务的关联性[192]。涉入度是个体对产品或服务重要程度的感知,以及个体对产品或服务的偏好、关注与参与程度。足球运动涉入度可理解为个体对足球运动的兴趣(喜爱)程度和重要程度的感知,并由此引发的个体足球参与活动(参与足球运动或通过电视网络观看足球比赛)。在支付意愿影响因素变量选择中,受访者对足球运动的态度和行为表现可以很好地用涉入度来解释与理解。现有CVM应用研究支付意愿的影响因素中,将个体对足球运动的态度和行为表现的变量作为支付意愿的影响因素,如Wicker等[60]使用了"兴趣"(对足球的喜欢程度)、"参与"(经常参与足球运动)以及"电视观赛"(通过电视观看俱乐部球队比赛)变量,但这三个变量都是作为单独变量存在。本研究认为这三个变量充分体现了个体的足球运动涉入度,可以将其归结为足球运动涉入度这一个变量作为足球运动涉入度的测量指标。但没有采用Johnson、Owen、Fenn等[51-53,56]研究中的"兴趣",他们定义的"兴趣"是受访者对俱乐部的兴趣["一点兴趣都没有"、"有点兴趣"、"有兴趣"(一般球迷)、"非常有兴趣"(铁杆球迷)],即对俱乐部的喜欢程度。对"电视观赛"变量的定义修改为"通过电视或网络观看国内外足球比赛",主要是由于我国城市居民球迷化程度非常低,去现场观看或通过电视观看俱乐部球队比赛的居民占整个城市人口总量的比例非常小,甚至可以忽略不计。如上海申花足球俱乐部在其官网上公布的申花球迷数量为10万左右,那么对于2 400万人口的上海来讲,上海居民中申花球迷比例实在太小。

3. 城市品牌效益

现有研究中,Owen、Johnson等[53-54]把"大联盟城市"地位作为评估内容之一("大联盟城市"地位实际上体现的是城市形象),Castellanos等[57]将城市声誉、城市形象作为评估内容之一,Fenn、Castellanos、Wicker等[56,58-60]将城市声誉作为评估内容之一。其中Johnson、Fenn、Wicker等[54,56,60]将反映城市品牌效益的"大联盟城市"或城市声誉作为支付意愿的影响因素。本研究认为城市声誉和"大联盟城市"(城市形象)不能完全体现职业体育俱乐部的存在对主场城市带来的城市品牌效益。在"城市声誉"和"城市形象"变量的基础上,增加了"城市知名度"作为城市品牌效益的衡量指标。

城市品牌是展现城市特点,增强城市吸引力与竞争力的无形资产,因而品牌塑造是城市营销的重中之重。职业体育俱乐部所产生的城市品牌效益使其成为城市营销的重要法宝,俱乐部的存在提升了主场城市的知名度、形象与声誉,进而增强了主场城市的吸引力与竞争力。

(1) 由于职业体育俱乐部的知名度与影响力,已经成为城市营销的青睐对象。首先,职业体育俱乐部自身的知名度提升了城市的知名度,即品牌联想使外地居民只要一提及俱乐部就会联想到俱乐部所在的主场城市;其次,网络、电视与纸媒体对职业体育俱乐部铺天盖地的报道,提高了主场城市的曝光率;最后,职业体育俱乐部名称冠入城市名称,或者职业体育俱乐部 Logo 融入主场城市名称与标志物也提升了城市知名度。

(2) 职业体育俱乐部的存在向公众传递了一个顶级联赛城市的形象("大联盟城市"),一座顶级联赛城市可以向外界展示一个"安全""好客""健康""活力""激情"的城市形象,更容易成为吸引外来游客的目的地与人才的聚集地。此外,职业体育俱乐部可以翻转主场城市原有的固化了的形象,使其不再只是具有商业味或工业味,还是区域体育中心城市甚至全球体育城市,成为人们向往的体育圣地。

(3) 城市声誉可理解为外界感知到的城市声望与印象。有学者指出城市声誉是一种无形资产,是利益相关者对于一个地方长期的整体的印象,拥有良好的城市声誉则会拥有较高的知名度与认可度[193]。职业体育俱乐部因其自身的品牌优势为主场城市带来了声誉。Fenn 等[56]指出职业体育俱乐部给主场城市带来了声誉;Wicker 等[60]指出职业体育俱乐部的存在能够提高主场城市的声誉,俱乐部对城市声誉的影响取决于俱乐部球队与明星球员。Fenn、Wicker 等[56,60]均发现城市声誉对支付意愿的影响具有统计学意义。相对于其他标志性建筑物(大型体育场馆、博物馆、会展中心、游乐场、剧院等)以及大型组织机构(大学、图书馆、大型企业等),职业体育俱乐部更容易、更广泛地被视为一个地方的象征,更能帮助主场城市树立鲜明的品牌个性,更能成为城市品牌识别的核心元素。

4. 生活质量效益

在国外研究中,"阅读"(阅读俱乐部相关新闻报道或评论文章)、"谈论"(与亲友谈论俱乐部球队竞技表现、成绩、决策等话题)、"收听"(收听俱乐部比赛或新闻)因具有非竞争性的公共产品属性且无有效排他技术或手段,被理解为俱乐部生产的公共产品,因为这些公共产品的价值不能通过市场交易的方式获取,国外研究称其为非使用价值。现有研究中所谓的"社会价值""非经济价值""无形效益价值"都是指俱乐部产生的非使用价值。"现场观赛"也被视为公共产品,虽具有非竞争性却能够有效排他,俱乐部可以通过门票的方式获取其价值,国外研究称"现场观赛"所产生的价值为使用价值。对于现场观赛的受访者来讲,其报出的支付意愿体现的是现场观赛的期望价格,所以国外研究中将现场观赛受访者的比例作为区分非使用价值与使用价值的依据,即使用价值为WTP总值乘以现场观赛者的比例。国外研究将公共产品作为支付意愿影响因素,除了上述3个变量测量外,有的研究还将"乐趣"(俱乐部的存在是否增添了生活乐趣,用以衡量俱乐部球队搬迁或解散对受访者生活质量造成的影响)、"兴趣"(对俱乐部的喜爱程度)、"生活质量"(俱乐部球队的存在对整个生活质量贡献的感知)、"关注"(是否定期关注俱乐部)作为影响因素。实际上,"乐趣"与"生活质量"测量的都是受访者对俱乐部的存在而引起的生活质量变化的总体感知,"乐趣"比"生活质量"测量生活质量变化更形象、更易理解。"关注"测量的是受访者对俱乐部的关注或追随状态,事实上"阅读""谈论""收听"等都属于关注行为,故不选择"关注"作为本研究的变量。"阅读""谈论""收听"等被理解为公共产品是因其具有公共产品属性,本研究将其理解为生活质量效益,是因为这些效益能够提升居民的生活质量,使主场城市成为更好的居住地。但不将"收听"作为生活质量效益测量指标,主要是考虑到新媒体时代听收音机的人群越来越小。同时将"乐趣"纳入生活质量效益变量,以测量受访者对因俱乐部存在而引起的生活质量变化的总体感知。

5. 心理收入效益

职业体育俱乐部的存在是对城市居民的情感投资,使广大居民对其产生情感依恋并从中获得心理收入。现有研究多以"自豪感"来衡量心理收入的非市场价值,从心理收入概念的角度理解,一个自豪感不能完全涵盖心理收入的内涵。Crompton[90]将职业体育俱乐部产生的心理收入定义为"居民从俱乐部所感知到的情感或心理的收益",并将其划分为5个维度:自豪感、自尊感、社会互动、情感涉入、观赛激情。本研究认为社会互动、观赛激情、情感涉入主要是针对观赛球迷而言,即观赛所产生的情感体验(快乐、悲伤、兴奋、激动)或情感互动等心理感受。而我国城市(即使是北上广这些职业体育发展相对成熟的城市)球迷化程度比较低,大多数受访者根本没有观看过俱乐部球队的比赛,调查受访者对俱乐部的情感涉入或情感互动是无从谈起的。本研究选择的心理收入衡量指标为自豪感(为上海拥有上海申花足球俱乐部这样的顶级联赛俱乐部而产生的自豪感)、认同感(因为上海申花足球俱乐部的存在对主场城市的认可与支持)、归属感(对生活在拥有上海申花足球俱乐部的上海而感到满意,并对此很依恋)。

Tracy等[194]指出当人们将注意力指向自我,对事件进行内部归因,对事件的结果产生积极的自我表征时,就会产生自豪感。对于拥有顶级联赛俱乐部的城市("大联盟城市"),居民因为俱乐部的存在与他们理想的自我表征(如我是

“大联盟城市”的居民，我可以随时观看顶级职业体育赛事，或在微信朋友圈里晒观赛时的情景）相一致。自豪感作为一种自我意识的情绪，从城市的视角看，当城市文化融入个人骄傲并获得认同时，即成为市民自豪感，这种情感以城市作为载体，居民基于对城市的满意、认同而产生的情感是城市软实力的一部分[195]。职业体育俱乐部作为城市重要的文化资产，居民既有因生活在一座“大联盟城市”所产生的自豪感，也有因职业体育俱乐部的存在提升了主场城市的知名度与形象而产生的自豪感。

城市认同是城市软实力的重要维度，居民对城市的认同是衡量城市化成功与否的标准之一[196]。城市认同感是个人对城市建设、发展水平的一种综合评价，或是对自身状况和外在环境的综合评价[197]。本研究对城市认同感的测量通过身份认同来体现。身份认同是个人对所述群体共同性和其他群体差异性的认知，即居民依靠某一特定的参照物来确认自己的身份，个人只有完全适应并认可这种身份，个人对城市的认同感才能提升。顶级联赛俱乐部提升了主场城市的知名度与形象，为居民对居住城市的认可提供了参照，使居民因此而对居住城市感到满意与骄傲。因为职业体育俱乐部的存在，个人为居住于主场城市感到满意，为自己是城市的一分子而感到骄傲。

城市归属感是居民对其所居住城市进行综合评价的肯定程度，是衡量城市发展潜力的重要指标，是检验城市发展质量的关键指标，也是城市间人才竞争的标的物[198]。城市归属感的具体体现可理解为个体在对居住城市进行全面评价的情况下，所表现出的满意与依恋程度。从现有居民的角度看，城市归属感可体现为居民定居意愿的强烈程度或离城意愿的强烈程度；从外来人才的角度看，城市归属感可成为城市吸引力的表象特征，体现了城市的发展潜力与软实力。本研究所讨论的城市归属感为居民因为职业体育俱乐部的存在，所产生的对居住城市的满意与依恋程度。职业体育俱乐部的存在会打下深深的城市烙印，俱乐部深度融入城市，其自身的知名度与影响力使得俱乐部成为城市或城市文化的象征，依赖于俱乐部的品牌优势，居民对所居住城市的自豪感油然而生，进而催生出对城市的认同感与归属感。

6. 干扰因素变量

在国外现有研究基础上，本研究选择“支付金额”“获胜（俱乐部成绩）”作为支付意愿干扰因素变量，同时增加新变量“俱乐部历史”。上海申花足球俱乐部自我国职业体育开展伊始便已成立，相对于我国职业体育史来讲，上海申花足球俱乐部是一家历史较长的职业体育俱乐部，那么其历史会不会影响居民的支付意愿呢？故本研究增加“俱乐部历史”变量。“支付金额”用以衡量受访者支付金额对支付意愿的影响程度。将“获胜”修改为“俱乐部成绩”，即俱乐部的联赛排名对支付意愿的影响程度，而“获胜共鸣”是观赛时的一种心理或行为表现，故不选择。“经济危机”是衡量宏观经济环境对支付意愿的影响程度，但本研究不选择其作为支付意愿影响因素的变量，是由于我国当前经济发展环境总体良好，上海作为我国的经济中心更是发挥中国经济“领头羊”的示范引领作用，故“经济危机”在当前是不存在的。

5.2.4.3　WTP影响因素解释性变量定义与赋值

根据上述变量遴选与修正的依据，对上海申花足球俱乐部WTP影响因素解释变量进行定义与赋值。人口统计学变量调查的是受访者的社会经济特征，设计为定类或定距变量。根据统计学原理要求，定类或定距变量在投入回归模型时，应先转换为虚拟变量，使呈离散分布的变量具备连续型变量的特性，再将转换后的虚拟变量投入回归模型，以减小统计上的误差，提高估计的精确度[199]。本研究中的性别、受教育程度、户籍、居住地点为定类变量，年龄、家庭可支配收入、居住时间为水平区间的定距变量。按照虚拟变量的转换原则，如果被转换的定类或定距变量有 k 个水平，则需要 $k-1$ 个虚拟变量，以未经处理的水平作为参照组，一般选择较低或较高水平选项。性别、户籍为二分类变量，其水平数只有两个，则可将男性设置为虚拟变量并定义为1，女性设置为参照组并定义为0，上海户籍设置为虚拟变量并定义为1，非上海户籍设置为参照组并定义为0。虚拟变量表示虚拟变量与参照组的对比，如性别虚拟变量表示“男性与女性的对比”。受教育程度、年龄、家庭可支配收入、居住时间等变量水平数超过2个，因而以较低或较高水平为参照组，其他水平则设置为虚拟变量，如家庭可支配收入有“4万元以下”“4.1～8.0万元”“8.1～12.0万元”“12.0万元以上”4个水平，以“12万元以上”为参照组并定义为0，其他水平为虚拟变量并定义为1。居住地点为多类别变量，由于本研究意在考察主场虹口区居民的支付意愿与上海其他区县居民的支付意愿是否存在显著性差异，因而将其他区县设为参照组并定义为0，虹口区设置为虚拟变量并定义为1。足球运动涉入度、城市品牌效益、生活质量效益、心理收入效益、干扰因素（俱乐部成绩、俱乐部历史）均设计为定序变量并给予赋值，即非常同意＝5，比较同意＝4，同意＝3，不同意＝2，非常不同意＝1。由于定序变量各水平之间不但有顺序之分也有大小之分，可视为连续相变量。WTP影响因素解释性变量定义与赋值如表5-8所示。

表 5-8　WTP 影响因素解释性变量定义与赋值

变量名称	定义	变量指标说明
人口统计学变量		
性别	男女受访者的支付意愿是否存在差异	男性＝1,参照组(女性)＝0
年龄	不同年龄层次人群的支付意愿是否存在差异	age1-4(50 岁以下不同水平)＝1,参照组(50 岁以上)＝0
受教育程度	不同学历层次人群对上海申花足球俱乐部的支付意愿是否存在差异	edu1-3(大专、本科、硕士以上)＝1,参照组(高中或中专)＝0
家庭可支配收入	家庭年均可支配收入不同水平的支付意愿是否存在差异	Inc1-3(12 万元以下不同水平)＝1,参照组(12 万元以上)＝0
居住时间	居住时间不同水平的支付意愿是否存在差异	Time1-3(20 年以下不同水平)＝1,参照组(20 年以上)＝0
居住地点	主场虹口区与上海其他区县的支付意愿是否存在差异	虹口＝1,参照组(其他区县)＝0
户籍	上海户籍与非上海户籍的支付意愿是否存在差异	是＝1,参照组(否)＝0
足球运动涉入度		
兴趣	您很喜欢足球运动	非常同意＝5,比较同意＝4,同意＝3,不同意＝2,非常不同意＝1
参与	您经常踢足球(两周一次及以上)	非常同意＝5,比较同意＝4,同意＝3,不同意＝2,非常不同意＝1
观赛	您经常通过电视或网络观看各类足球比赛(每周一次及以上)	非常同意＝5,比较同意＝4,同意＝3,不同意＝2,非常不同意＝1
城市品牌效益		
城市知名度	上海申花足球俱乐部的存在提升了上海的知名度	非常同意＝5,比较同意＝4,同意＝3,不同意＝2,非常不同意＝1
城市形象	上海申花足球俱乐部的存在提升了上海的城市形象	非常同意＝5,比较同意＝4,同意＝3,不同意＝2,非常不同意＝1
城市声誉	上海申花足球俱乐部的存在对上海的城市声誉很重要	非常同意＝5,比较同意＝4,同意＝3,不同意＝2,非常不同意＝1
生活质量效益		
阅读	您经常阅读上海申花足球俱乐部相关的新闻报道或文章	非常同意＝5,比较同意＝4,同意＝3,不同意＝2,非常不同意＝1
谈论	您经常和亲友谈论上海申花足球俱乐部相关的话题	非常同意＝5,比较同意＝4,同意＝3,不同意＝2,非常不同意＝1

表 5-8（续）

变量名称	定义	变量指标说明
生活质量效益		
文化生活	上海申花足球俱乐部的存在丰富了您的文化生活	非常同意＝5，比较同意＝4，同意＝3，不同意＝2，非常不同意＝1
乐趣	上海申花足球俱乐部的存在给您的生活增添了很多乐趣	非常同意＝5，比较同意＝4，同意＝3，不同意＝2，非常不同意＝1
心理收入效益		
自豪感	为上海拥有上海申花足球俱乐部这样的中超俱乐部感到自豪	非常同意＝5，比较同意＝4，同意＝3，不同意＝2，非常不同意＝1
认同感	上海申花足球俱乐部这样的顶级联赛俱乐部是上海建设卓越全球城市的重要力量，对上海更加认可	非常同意＝5，比较同意＝4，同意＝3，不同意＝2，非常不同意＝1
归属感	上海申花足球俱乐部彰显了上海积极向上的城市文化与精神，对上海更加依恋	非常同意＝5，比较同意＝4，同意＝3，不同意＝2，非常不同意＝1
干扰因素		
俱乐部成绩	上海申花足球俱乐部的历史成绩较好，有夺冠的可能性	非常同意＝5，比较同意＝4，同意＝3，不同意＝2，非常不同意＝1
俱乐部历史	相对我国职业体育的历史，上海申花足球俱乐部的历史比较长	非常同意＝5，比较同意＝4，同意＝3，不同意＝2，非常不同意＝1

5.3　正式调查实施

5.3.1　调查方式——网络调查之样本服务

中国互联网络信息中心（CNNIC）发布的第43次《中国互联网络发展状况统计报告》[200]显示，截至2018年12月，我国网民规模达8.29亿，互联网普及率达59.6%，我国手机网民规模达8.17亿，网民通过手机接入互联网比例高达98.6%；网民年龄结构上以中青年群体为主，并持续向中高龄人群渗透，20至29岁年龄段的网民占比最高，达26.8%，50岁及以上的网民比例由2017年底的10.5%提升至12.5%。以上数据说明，互联网使用呈现了用户大规模化及人群全覆盖的特点。上至老年人群体，下至青少年，无一不通过电脑、平板或手机使用互联网。当前互联网使用人群的广泛性杜绝了网络普及程度不高时的网民样本代表性较差的问题，使得网络调查获取的数据更具可靠性与代表性。

而一般在超市、商场、地铁站、公园等公共场所现场发放问卷因单一人群的集中化特点比较明显，所收集的数据难以做到全人群的代表性，如超市、商场女性人群居多，公园老年人群居多，并且公共场所拦截式发放并非达到了随机效果。因而，在互联网已经普及化的当下，网络调查样本代表性较差的局限已经大为改善，在社会科学研究中已经成为很重要的数据收集手段。

网络调查一般采用三种方式：一是在问卷调查网站编制网络问卷并生成问卷链接或二维码，通过 QQ、微信、微博、E-mail 等途径邀请好友填写，再委托好友转发，这种“滚雪球”的发放方式并非概率抽样，所收集的数据具有显著的群体特征。二是在某些访问量较大的网站和(或)微信公众号嵌入网络链接，并以有奖填答的方式吸引网站或公众号访问者填答。三是问卷调查网站推送的样本服务，即研究者资费委托问卷调查网站进行问卷发放与收集。本研究根据研究需要与自身实际情况，认为正式调查选择问卷调查网站推送的样本服务较为理想，而网站平台则选择目前国内最为常用的问卷调查网站——问卷星，问卷星付费客户覆盖超过 3 万家企业和国内 90%的高校，是各行业知名品牌信赖的在线问卷调查平台。平均每天超过 100 万人在问卷星平台上填写问卷，问卷星将随机邀请其中部分人群加入样本库，问卷星样本库成员的性别、年龄、职业、地区基本能够做到全覆盖(如图 5-2 所示)。问卷星网站的问卷采取线上发放方式，一是选择通过问卷链接或二维码的方式自行发放，二是资费委托问卷星公司进行发放(购买样本服务)。网站的问卷质量控制功能(答卷次数、时间、受访者性别、年龄、地区、职业、行业限制等)相比现场发放来讲，问卷的有效性更好。预调查作者在共青森林公园、鲁迅公园、人民公园、世纪公园等几个人群较多的公园现场发放问卷时发现，除了拒答率比较高，在应答的受访者中存在诸多不读题项的随意填答。此外，现场发放还存在调查者作假(自填问卷)的现象。基于本研究的大样本需求，考虑现场发放与委托问卷星公司网络发放所需的调查经费不相上下，为保证网络调查的问卷质量控制以及回收效率，本书正式调查问卷选择委托问卷星公司进行网络发放。

5.3.2 抽样框与抽样方法

实证调查调查对象为上海市行政区域内 18 岁以上、居住时间在 1 年以上的上海户籍与非上海户籍居民，因采用网络调查方法，抽样框则为 18 岁以上、居住时间 1 年以上的上海户籍与非上海户籍电脑、手机、互联网用户。本研究通过购买问卷星公司的样本服务来收集数据，即由该公司通过问卷星网站邀请符合抽样框条件的目标人群填写问卷。目前通过问卷星样本服务完成的项目

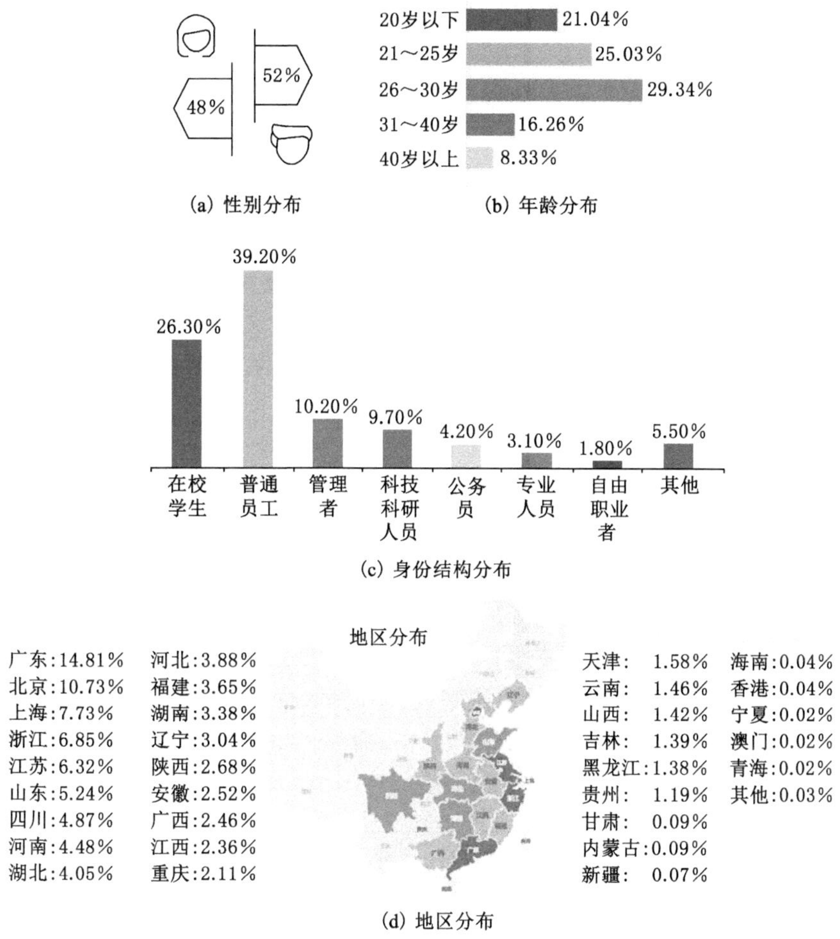

图 5-2　问卷星样本库成员性别、年龄、身份结构、地区分布

（备注：此图来源于问卷星官方网站 www.wjx.cn）

达 23 233 个，回收答卷超过 813 万份。为保证样本的代表性，要求问卷星公司在线发放问卷时采取简单随机抽样方式，以及 18 岁至 50 岁以上的全人群覆盖。同时为保证回收问卷的质量，委托方通过问卷星网站的质量控制机制，控制问卷的发放范围为上海市行政区域范围，控制每个电脑 IP、每台手机用户只能填写一次（无论是通过微信、微博、QQ 或 E-mail 渠道获取的问卷链接），每次答题时间不低于 3 分钟，否则视为无效问卷。

5.3.3 样本量确定

一般情况下，调查样本量的确定，均参考理查德·谢弗(Richard Scheafer)的抽样公式：

$$n=\frac{N}{(N-1)\delta^2}+1 \tag{5-1}$$

式中：n 为样本量；N 为总体大小，由于实证对象为上海申花足球俱乐部，调查只能是上海市居民，N 为上海市居民总数；δ 为抽样误差，一般选择 0.05。

根据上海市统计局信息，2018 年上海市常住人口 2 418.33 万，上海户籍人口1 445.65 万。经计算，调查样本量为 401。但 Mitchell 等[156]提出，基于假想市场的 CV 调查存在诸多偏差，其样本规模应大于统计学的一般门槛值，600 个样本可以确保假想 WTP 与实际 WTP 的误差控制在 15%以内。NOAA 则建议样本量应达到 1 000 个以上[123]。根据 NOAA 对样本量的要求，欧美职业体育领域 CVM 应用研究大部分未达到此标准。此外王坤鹏等[201]指出，在双边界二分式 CVM 研究中，当以 WTP 估值结果为参考值时，各初始投标值子样本量至少大于 30 份，对 WTP 估值的影响越来越小且估值结果趋于稳定。基于上述，本研究综合考虑评估结果的有效性与可靠性、无回答、无效问卷等因素，并通过网络问卷发放过程中的质量控制(答卷时间、次数的控制)，得到每个初始投标值样本量为 120 份，11 个初始投标值总计 1 320 份，确保有效问卷数量达到双边界二分式引导技术所要求的大于或等于 1 000 份。

5.4 双边界二分式 WTP 均值估算模型

5.4.1 随机效用模型(RUM)

在 CVM 应用研究中，随机效用模型是最成熟有效的一种估算方法。它以效用函数为依据，与经济理论具有较高的整合性，但不能直接估算 WTP 均值，只可估计支付意愿的效用函数，再通过其参数计算 WTP 均值。随机效用模型主要应用于公共产品非市场价值或非使用价值的评估，以计算效用公式为前提，在投标值和了解消费者回应的基础上估计效用函数公式。

二分式引导技术由 Bishop 等[141]于 1979 年引入，在 Hanemann[142]将随机效用最大化原理引入 CVM 研究并建立了随机效用函数模型后被广泛应用。二分式引导技术的特点是不直接询问受访者的支付意愿，而是询问受访者对给定的投标值(支付金额)是否愿意支付。通过考察受访者对给定投标值的接受意愿,建立受访者的接受概率与投标值之间的函数关系,以此推导受访者的真实支付意愿,包括单边界二分式、双边界二分式、多边界二分式等形式。Hanemann等[202]还证明了双边界二分式比单边界二分式在统计上更具效率性和科学性,能够更好地模拟市场交易行为,准确地描述虚拟市场,有效避免假想偏差,从而真实地反映受访者的WTP或WTA。Bateman、Cooper等[203-204]还对多边界二分式在统计意义上的有效性及精确性进行了讨论,并指出与双边界二分式相比,增加第三边界收效并不大,双边界二分式能够获得足够的信息。此后,双边界二分式在CVM应用研究中被广泛地用来估算WTP或WTA的均值。本研究采用国际上比较认可的双边界二分式。

5.4.2 基于随机效用模型的双边界二分式WTP均值估算模型

随机效用模型假定某公共产品或环境资源消费市场中,为保持效用不变,在阻止状态恶化或促进状态改善的前提下,推导个人WTP或WTA的货币数量,进而估算该公共产品或环境资源的非市场价值。根据随机效用理论,职业体育俱乐部正外部性效益Q与效用U的函数表达式为:

$$U=V(Q,M,X)+\varepsilon \tag{5-2}$$

式中:V为可观测部分;M表示收入;X表示除投标值外的其他影响因素;ε为随机误差项(调研过程中误差产生的不可观测部分,假定具有零均值的独立同分布随机变量)。

当正外部性效益从Q_0提升到Q_1时,$U_1>U_0$,即只有受访者的最大支付意愿大于投标值时才会接受问卷给定的投标值,其数学表达式为:

$$U_1(Q_1,M-T,X)>U_0(Q_0,M,X)=\Delta V>\varepsilon_0-\varepsilon_1 \tag{5-3}$$

式中:ΔV为可观测效用的差;T为支付金额;ε_1,ε_0为具有零均值的独立同分布随机变量。

对于可观察效用ΔV,受访者i受社会经济属性等因素和初始投标值的影响,ΔV的线性函数可表示为:

$$\Delta V=\alpha+\beta\cdot X_i+\lambda\cdot T \tag{5-4}$$

式中:α为常数项;X_i是除投标值外其他影响因素变量;β是除投标值外其他影响因素变量的回归系数;λ是投标值T的回归系数。

为了促进正外部性效益更大化,给受访者提示的投标值(支付金额)为T元时,受访者接受这一投标值的概率为:

$$P(\text{yes})=P[U_1(Q_1,M-T,X)>U_0(Q_0,M,X)]=P(\Delta V)=\alpha+\beta\cdot X_i+\lambda\cdot T \tag{5-5}$$

$P(yes)$为接受投标值 T 的概率，$P(no)$为拒绝投标值 T 的概率，针对投标值 T 的支付意愿服从 Logistic 分布（离散分布），当因变量呈离散分布时，与自变量的关系是非线性的。假设可以利用式（5-5）得出 $P(yes)$的概率，但 $P(yes)$的观测值只能在 0～1 之间。而在线性回归中，当自变量无限增加或无限减少时，预测值却可能小于 0 趋向负无穷或大于 1 趋向正无穷。解决这个问题比较简易的方法是将 $P(yes)$转换为 Logit 模型。将概率 $P(yes)$转换为 Logit 模型涉及两个步骤：首先取 $P(yes)$与 $1-P(yes)$之比（事件的发生比，即将事件发生的可能性表达为发生与不发生的比例，或者说发生比表示的是相对于不发生而言发生的可能性）；然后再取发生比的自然对数，Logit 就等于 $\ln\{P(yes)/[1-P(yes)]\}$。将概率转换成发生比，可以去除概率 $P(yes)$的上限 1，在上限一端让线性延伸下去，但发生比依然存在下限 0，将发生比取自然对数则能够去除发生比的下限 0。发生比的自然对数存在三种情况：① 若发生比大于 0 且小于 1，结果是负数；② 若发生比等于 1，结果是 0；③ 若发生比大于 1，结果是正数，即当概率趋于 1 时，Logit 越来越接近正无穷大，概率趋于 0 时，Logit 越来越趋于负无穷。因此，Logit 在负无穷与正无穷之间变化，概率存在的上下限问题就消除了。没有了上下限，Logit 相对于自变量的改变可以说是线性相关的，Logit 转换拉直了自变量与最初概率之间的非线性关系。据上所述，投标值（支付金额）为 T 元时，受访者接受这一投标值的发生比的 Logit 模型为：

$$\ln\left[\frac{P(yes)}{1-P(yes)}\right]=\text{Logit}[P(yes)]=\alpha+\beta\cdot X_i+\lambda\cdot T \tag{5-6}$$

为了表达与自变量相关的是概率而非 Logit，首先让等式两边取指数，移除等式左边的对数：

$$\frac{P(yes)}{1-P(yes)}=e^{\alpha+\beta\cdot X_i+\lambda\cdot T} \tag{5-7}$$

因此，发生比的改变其实是一个系数的指数函数，则 $P(yes)$为：

$$P(yes)=\frac{e^{\alpha+\beta\cdot X_i+\lambda\cdot T}}{1+e^{\alpha+\beta\cdot X_i+\lambda\cdot T}}=\frac{e^{\Delta V}}{1+e^{\Delta V}} \tag{5-8}$$

双边界二分式在询问受访者是否愿意支付的前提下，根据预调查设置投标值再次询问，如果受访者对于初始投标值 T_0 愿意支付，则追加一个较高的投标值 T_h，若对初始投标值不愿意支付，则追加一个较低的投标值 T_l。询问则会产生四种结果，即“愿意—愿意（Y—Y）”“愿意—不愿意（Y—N）”“不愿意—愿意（N—Y）”“不愿意—不愿意（N—N）”。假设受访者 i 的回答受投标值及其社会经济属性等其他因素的影响，并呈线性关系，则其表达式为：

$$y=\alpha+\beta \cdot X_i+\lambda \cdot T+\varepsilon \tag{5-9}$$

式中：y 为虚拟变量，表示回答结果 $y=1$（是）和 $y=0$（否）；α,β,λ 为参数；X_i 是影响受访者支付意愿除投标值外的其他影响因素；T 为设定的投标值；ε 为随机误差项。

设第 i 个受访者回答的"愿意—愿意""愿意—不愿意""不愿意—愿意""不愿意—不愿意"的概率分别为 P_{YY}、P_{YN}、P_{NY}、P_{NN}，显然 $P_{YY}+P_{YN}+P_{NY}+P_{NN}=1$，并服从 Logistic 分布，四种回答对应的概率分布为：

$$P_{YY}=1-\frac{1}{1+\exp(\alpha+\beta \cdot X_i+\lambda \cdot T_h)} \tag{5-10}$$

$$P_{YN}=\frac{1}{1+\exp(\alpha+\beta \cdot X_i+\lambda \cdot T_h)}-\frac{1}{1+\exp(\alpha+\beta \cdot X_i+\lambda \cdot T_0)} \tag{5-11}$$

$$P_{NY}=\frac{1}{1+\exp(\alpha+\beta \cdot X_i+\lambda \cdot T_0)}-\frac{1}{1+\exp(\alpha+\beta \cdot X_i+\lambda \cdot T_l)} \tag{5-12}$$

$$P_{NN}=\frac{1}{1+\exp(\alpha+\beta \cdot X_i+\lambda \cdot T_l)} \tag{5-13}$$

式中：T_0 为初始投标值；T_h 为较高投标值；T_l 为较低投标值。

基于以上推导，可以建立极大似然估计下双边界二分式的对数似然函数：

$$\ln L=\sum_{i=1}^{n}(d_i^{YY} \cdot \ln P_{YY}+d_i^{YN} \cdot \ln P_{YN}+d_i^{NY} \cdot \ln P_{NY}+d_i^{NN} \cdot \ln P_{NN}) \tag{5-14}$$

式中：$\ln L$ 为投标值的对数似然函数；d_i^{YY}，d_i^{YN}，d_i^{NY}，d_i^{NN} 为虚拟变量，若第 i 个受访者两次回答的情况为"愿意—愿意（Y—Y）"，则取 $d_{YY}=1$，$d_{YN}=d_{NY}=d_{NN}=0$；若两次回答的情况为"愿意—不愿意（Y—N）"，则取 $d_{YN}=1$，$d_{YY}=d_{NY}=d_{NN}=0$；若两次回答的情况为"不愿意—愿意（N—Y）"，则取 $d_{NY}=1$，$d_{YY}=d_{YN}=d_{NN}=0$；若两次回答的情况为"不愿意—不愿意（N—N）"，则取 $d_{NN}=1$，$d_{YY}=d_{YN}=d_{NY}=0$。

根据 Hanemann 等[202]的推导，当 WTP≥0 时，受访者的支付意愿呈离散分布，若以投标值 T 为解释变量，接受 T 的概率为被解释变量，运用极大似然估计法，从对数模型则可以得到双边界二分式 WTP 的数学期望公式：

$$E(WTP_i)=\int_0^{T_{max}}\frac{dT}{1+\exp(-\alpha-\beta \cdot \overline{X}-\lambda \cdot T)}=\frac{1}{\lambda}\ln\frac{1+e^{\alpha+\beta \cdot \overline{X}+\lambda \cdot T_{max}}}{1+e^{\alpha+\beta \cdot \overline{X}}} \tag{5-15}$$

式中：α 为常数项；β 为除投标值外其他影响因素变量的回归系数；$\overline{X}$ 是影响受访者支付意愿各变量的平均值；λ 为投标值回归系数；T 为设定的投标值；T_{max} 为最大投标值。

在双边界二分式引导技术下，总样本 WTP 数学期望为：

$$E(WTP) = \sum n \cdot E(WTP_i)$$
$$= E(WTP_{YY}) \cdot P_{YY} + E(WTP_{YN}) \cdot P_{YN} + E(WTP_{NY}) \cdot P_{NY} + E(WTP_{NN}) \cdot P_{NN} \quad (5\text{-}16)$$

5.5 结果与分析

5.5.1 样本特征描述性结果与分析

5.5.1.1 “愿意支付”和“拒绝支付”描述性统计

本研究根据双边界二分式对投标值数量与样本容量的要求，委托问卷星公司发放 11 个子样本，每个子样本问卷数量为 120 份，总计 1 320 份，最终问卷星公司反馈有效样本 1 355 份(如表 5-9 所示)。其中对上海申花足球俱乐部产生的正外部性效益愿意支付的样本 673 份，占比 49.67%；拒绝支付的样本 682 份，占比 50.33%；愿意支付与拒绝支付样本的比例差距很小。各子样本愿意支付与拒绝支付比例差距最大的为样本 5，达 23.58%，样本 6 没有差距，差距在 5%以内的为样本 1、3、4、6、7、10，差距为 10%～20%以内的为样本 2、9，差距在 20%及以上的为样本 5、8。总体而言，差距在 10%以上的样本只有 4 个，能够在一定程度上说明，愿意支付与否在于受访者对于申花足球俱乐部正外部性效益的认同与否，或者可能是拒绝支付受访者感知不到正外部性效益的存在，或者拒绝支付受访者对上海申花足球俱乐部产生的正外部性效益无需求偏好。

表 5-9 各子样本“愿意支付”和“拒绝支付”描述性统计(N＝1 355)

样本	愿意支付(频数/比例)	拒绝支付(频数/比例)	总频数
样本 1(100－200－50)	67/51.54%	63/48.46%	130
样本 2(200－300－100)	73/59.84%	49/40.16%	122
样本 3(300－500－200)	59/47.58%	65/52.42%	124
样本 4(500－700－300)	61/48.41%	65/51.59%	126
样本 5(700－1 000－500)	76/61.79%	47/38.21%	123
样本 6(1 000－1 500－700)	62/50%	62/50%	124
样本 7(1 500－2 000－1 000)	61/50.41%	60/49.59%	121

表5-9（续表）

样本	愿意支付(频数/比例)	拒绝支付(频数/比例)	总频数
样本8(2 000—2 500—1 500)	48/40%	72/60%	120
样本9(2 500—3 000—2 000)	53/43.44%	69/56.56%	122
样本10(3 000—4 000—2 500)	61/52.14%	59/47.86%	120
样本11(4 000—5 000—3 000)	52/42.28%	71/57.72%	123
样本总和	673/49.67%	682/50.33%	1 355

5.5.1.2　拒绝支付原因分析

如表5-10所示，拒绝支付的首要原因是“上海申花足球俱乐部是企业性组织，应该自负盈亏”，占比51.3%；其次是“根本不喜欢足球运动”，占比17.4%；再次是“应该由上海市政府给予补贴”，占比11.9%；最后是“家庭可支配收入预算有限”和“上海申花足球俱乐部成绩太差”，分别占比8.7%和6.5%。认为比赛日带来了噪声与交通拥堵及更愿意支付给上海海港足球俱乐部的占比较小，只有0.3%和1.9%。除此之外，还有个别受访者认为足坛腐败，对上海申花足球俱乐部及其球迷场内外的表现不满意，不了解足球及上海申花足球俱乐部，其球员缺乏职业精神或不敬业等原因而拒绝支付，这些原因共占比2.1%。虽然占比较少，对于我国职业足球来讲却发人深省。从拒绝支付的主要原因看，认为上海申花足球俱乐部是企业性组织的受访者对职业体育与职业体育俱乐部有一个清晰的认识，了解职业体育是市场化、商业化的竞技体育，职业体育俱乐部作为职业体育的主体应该遵循市场规律与秩序，自主经营、自负盈亏。但从公共经济学的视角看，正外部性效益为职业体育俱乐部的溢出效益，由于其具有公共产品的非竞争属性且无有效排他技术与手段，可以和“诚信”一样作为一种特殊的公共产品被共同消费；从福利经济学的视角看，正外部性效益对主场城市及其居民美好生活至关重要，增加了社会总福利。由于正外部性效益的非竞争性与非排他性，职业体育俱乐部难以通过市场交易的方式获取其价值，因而有必要对其进行适当补贴。对于因不喜欢足球运动而拒绝支付的受访者，因缺乏兴趣而感受不到正外部性效益的存在，这也是一种正常现象，虽然足球是世界第一大运动项目，但在我国却不是很普及，影响力不如篮球、乒乓球、羽毛球等项目。第三个拒绝支付的原因是“该由上海市场给予补贴”，这部分受访者认同上海申花足球俱乐部产生的正外部性效益，却不愿意支付一定的价格，可能是由于正外部性效益具有非竞争的公共产品属性，属于公共产品领域，应该由政府财政给予补贴以保持正外部性效益的发挥。

表 5-10　拒绝支付原因分析（N=682）

拒绝支付原因	频数	百分比/%	有效百分比/%	累积百分比/%
上海申花足球俱乐部是企业性组织，应该自负盈亏	350	51.3	51.3	51.3
应该由上海市政府给予补贴	81	11.9	11.9	63.2
家庭可支配收入预算有限	59	8.7	8.7	71.9
上海申花足球俱乐部成绩太差	44	6.5	6.5	78.4
根本不喜欢足球运动	119	17.4	17.4	95.8
比赛日带来了噪声与交通拥堵	2	0.3	0.3	96.1
更愿意支付给上海海港足球俱乐部	13	1.9	1.9	98.0
其他	14	2.1	2.1	100.1
合计	682	100.1	100.1	

5.5.1.3　拒绝支付样本特征描述性统计

对拒绝支付样本的社会经济属性进行描述性统计，了解各社会经济属性变量的拒绝支付特征。据表 5-11 所示，在拒绝支付的受访者中，女性受访者与男性受访者比例相差 10.4%，20～40 岁拒绝支付比例达 70.3%，接受过高等教育的受访者达 77%，家庭可支配收入 8 万元以上的受访者占比 70%，居住时间 10 年以上的受访者占比 62.3%，虹口区的受访者占比 6.3%，上海户籍与非上海户籍样本拒绝支付的比例差距为 17.4%。

表 5-11　拒绝支付样本特征（N=682）

类别		频数	百分比/%	累积百分比/%
性别	女	380	55.7	55.7
	男	302	45.3	100.0
年龄	20 岁以下	52	7.6	7.6
	20～30 岁	259	38.0	45.6
	31～40 岁	220	32.3	77.9
	41～50 岁	121	17.7	95.6
	50 岁以上	30	4.4	100.0

表 5-11 (续)

类别		频数	百分比/%	累积百分比/%
受教育程度	高中或中专	157	23.0	23.0
	大专	193	28.3	51.3
	本科	246	36.1	87.4
	硕士及以上	86	12.6	100.0
家庭可支配收入	4 万元以下	103	15.1	15.1
	4.1 万～8.0 万元	102	15.0	30.1
	8.1 万～12.0 万元	175	25.7	55.8
	12.0 万元以上	302	44.3	100.1
居住时间	1～3 年	149	21.8	21.8
	4～10 年	108	15.8	37.6
	11～20 年	84	12.3	49.9
	20 年以上	341	50.0	99.9
居住地点	虹口区以外	639	93.7	93.7
	虹口区	43	6.3	100.0
户籍	非上海户籍	282	41.3	41.3
	上海户籍	400	58.7	100.0

5.5.1.4 愿意支付样本特征描述性统计

对愿意支付样本的社会经济属性变量进行描述性统计，了解愿意支付样本特征，并与拒绝支付样本特征进行比较，简单考察拒绝支付样本特征与愿意支付样本特征之间是否存在差异。据表 5-12 所示，在愿意支付样本中，女性受访者与男性受访者比例相差 10.2%(与拒绝支付样本基本接近)，20～40 岁受访者比例为 70.6%(与拒绝支付样本接近)，接受过高等教育的受访者比例为 78.8%(与拒绝支付样本基本接近)，家庭可支配收入 8 万元以上的受访者的比例为 50.8%(远远低于拒绝支付样本)，居住时间 10 年以上的受访者比例为 58.5%(稍低于拒绝支付样本)，虹口区受访者比例为 4.3%(稍低于拒绝支付样本)，上海户籍与非上海户籍样本愿意支付的比例相差 31%(远远大于拒绝支付样本)。

表 5-12　愿意支付样本特征(*N*=673)

类别		频数	百分比/%	累积百分比/%
性别	女	302	44.9	44.9
	男	371	55.1	100.0
年龄	20 岁以下	27	4.0	4.0
	20～30 岁	267	39.7	43.7
	31～40 岁	208	30.9	74.6
	41～50 岁	139	20.7	95.3
	50 岁以上	32	4.8	100.1
受教育程度	高中或中专	143	21.2	21.2
	大专	202	30.0	51.2
	本科	257	38.2	89.4
	硕士及以上	71	10.5	99.9
家庭可支配收入	4.0 万及以下	119	17.7	17.7
	4.1 万～8.0 万元	212	31.5	49.2
	8.1 万～12.0 万元	184	27.3	76.5
	12.0 万元以上	158	23.5	100.0
居住时间	1～3 年	72	10.7	10.7
	4～10 年	207	30.8	41.5
	11～20 年	272	40.4	81.9
	20 年以上	122	18.1	100.0
居住地点	虹口区以外	644	95.7	95.7
	虹口区	29	4.3	100.0
户籍	非上海户籍	232	34.5	34.5
	上海户籍	441	65.5	100.0

对拒绝支付受访者与愿意支付受访者的性别、年龄、家庭可支配收入、受教育程度、居住时间、居住地点、户籍等社会经济属性变量进行比较分析，考察各变量在拒绝支付样本与愿意支付样本间的差异。结果发现：愿意支付样本的性别、年龄、受教育程度、居住时间、居住地点比例与拒绝支付样本基本接近或差

距不大;愿意支付样本家庭可支配收入8万元以上的比例远低于拒绝支付样本,愿意支付样本上海户籍与非上海户籍比例差距远大于拒绝支付样本,拒绝支付样本未接受过高等教育的比例远远高于愿意支付样本。由此说明,人口统计学变量不是拒绝支付与愿意支付的影响因素,只是在愿意支付样本中,对支付意愿选择结果和支付金额可能产生影响。由此可认为,受访者拒绝支付与愿意支付主要是基于对申花足球俱乐部正外部性效益的认同与否而做出的决策,或者说对正外部性效益有无需求偏好而做出的决策,受教育程度是受访者对正外部性效益有无需求偏好的决定性因素。

5.5.1.5 双边界二分式下各子样本支付意愿概率

根据前文CV调查方案设计所述,投标值范围过大或过小会影响评估结果的有效性与可靠性。投标值的设计应尽量达到其范围恰好覆盖整个样本的WTP,即对最小投标值的接受率接近100%,对最大投标值的拒绝率接近零。如表5-13所示,对最小投标值50元的接受率为97.02%,对最大投标值5 000元的接受率为3.85%,达到了投标值设计的要求。针对初始投标值和追加投标值(较高或较低投标值)的询问,存在Y—Y、Y—N、N—Y、N—N四种支付意愿,结果显示:Y—Y支付意愿样本量为271(40.27%),Y—N支付意愿样本量为145(21.55%),N—Y支付意愿样本量为99(14.71%),N—N支付意愿样本量为158(23.48%);各子样本Y—Y、Y—N支付意愿概率基本上随着投标值的增大而呈递减趋势,各子样本N—Y、N—N支付意愿概率基本上随着投标值增大而呈递增趋势,说明四种支付意愿的选择概率与投标值显著相关。

表5-13 双边界二分式各子样本支付意愿选择结果(N=673)

样本(投标值)	愿意—愿意(Y—Y)		愿意—不愿意(Y—N)		不愿意—愿意(N—Y)		不愿意—不愿意(N—N)	
	频数	比例	频数	比例	频数	比例	频数	比例
样本1(100—200—50)	47	70.15%	16	23.88%	2	2.99%	2	2.99%
样本2(200—300—100)	44	60.27%	20	27.40%	5	6.85%	4	5.48%
样本3(300—500—200)	34	57.63%	12	20.34%	5	8.47%	8	13.56%
样本4(500—700—300)	26	42.62%	15	24.59%	11	18.03%	9	14.75%
样本5(700—1000—500)	27	35.53%	22	28.95%	12	15.79%	15	19.74%
样本6(1000—1500—700)	26	41.94%	16	25.81%	8	12.90%	12	19.35%

表 5-13（续）

样本（投标值）	愿意—愿意（Y—Y）		愿意—不愿意（Y—N）		不愿意—愿意（N—Y）		不愿意—不愿意（N—N）	
	频数	比例	频数	比例	频数	比例	频数	比例
样本 7(1500—2000—1000)	22	36.07%	13	21.31%	9	14.75%	17	27.87%
样本 8(2000—2500—1500)	20	41.67%	6	12.50%	8	16.67%	14	29.17%
样本 9(2500—3000—2000)	17	32.08%	9	16.98%	6	11.32%	21	39.62%
样本 10(3000—4000—2500)	6	9.84%	13	21.31%	12	19.67%	30	49.18%
样本 11(4000—5000—3000)	2	3.85%	3	5.77%	21	40.38%	26	50.00%
总和	271	40.27%	145	21.55%	99	14.71%	158	23.48%

5.5.1.6 支付动机分析

本研究对支付动机的调查旨在通过支付动机比例确定上海申花足球俱乐部非市场价值中城市品牌价值、心理收入价值及生活质量价值的构成比例。如表 5-14 所示，以城市品牌效益为支付动机的比例为 37.0%，以心理收入效益为支付动机的比例为 45.2%，以生活质量效益为支付动机的比例为 17.8%。以心理收入效益为支付动机比例最高，说明受访者对上海申花足球俱乐部所带来的自豪感、认同感及归属感等心理收益感知最深，也说明受访者对上海申花足球俱乐部有着深厚的情感与情怀。上海申花足球俱乐部作为中超联赛的一支老牌俱乐部，从未因为危机发生过俱乐部名称变更，即使母投资企业多次发生变更，“申花”二字依然保留。人们之所以对“申花”二字有一种难以割舍的情怀，是因为上海申花足球俱乐部不仅见证了上海职业体育发展的历程，也见证了诸多上海居民已然逝去的青春，上海申花足球俱乐部代表的不只是上海职业体育，还是上海生活、上海名片。因为它的存在，人们为生活、工作在上海而感到满意、骄傲、认同与依恋，并由此而产生自豪感、认同感、归属感。

以城市品牌效益为支付动机居其次，低于以心理收入效益为支付动机的比例，说明受访者对上海申花足球俱乐部提升上海知名度、形象与声誉的感知不如自豪感、认同感及归属感的感知那么明显。究其缘由，可能是上海拥有诸多能够提升上海知名度、形象与声誉的地标建筑、历史人文景点或重大事件，且更让人耳熟能详。如东方明珠塔、外滩万国建筑群、南京路步行街、豫园、上海世界博览会等,因为人们对其熟悉度更高,也更易感知这些地标建筑、历史人文景点或重大事件为上海带来的城市品牌效益。而我国城市居民生活中缺乏对体育的关注,对职业体育的关注与了解更少,多数受访者未能感知到上海申花足球俱乐部为上海带来的城市品牌效益便也是情理之中。或者也有可能,受访者在城市品牌效益与心理收入效益的支付动机选择时,更愿意为心理收入效益支付。

以生活质量效益为支付动机的比例最低,且与以心理收入效益与城市品牌效益为支付动机的比例差距较大。这说明大多数受访者对上海申花足球俱乐部的关注较少,不是经常性阅读上海申花足球俱乐部的相关新闻报道或评论性文章,不是经常性和亲友讨论上海申花足球俱乐部的相关话题,对上海申花足球俱乐部所带来的生活乐趣的感知也就不那么明显了,也难以认为上海申花足球俱乐部的存在其丰富了文化生活。同时进一步说明生活质量效益的感知是以成为俱乐部球迷为前提的,上海居民的球迷化程度还比较低,虽然知道申花足球俱乐部的存在,却缺乏关注,因而申花足球俱乐部对上海居民文化生活丰富、生活乐趣的增添所起的作用是有限的。当然,也有可能因为上海拥有多家职业体育俱乐部,人们在有选择的情况下,对申花足球俱乐部的关注自然也就降低了。

表 5-14 支付动机结果(N=673)

支付动机	频数	百分比/%	累积百分比/%
上海申花足球俱乐部提升了上海的知名度、形象与声誉	249	37.0	37.0
上海申花足球俱乐部的存在使您感到很自豪,对上海更有认同感与归属感	304	45.2	82.2
上海申花足球俱乐部的存在丰富了您的文化生活,增添了许多生活乐趣	120	17.8	100.0
合计	673	100.0	

5.5.2 Y—Y 选择影响因素结果与分析

5.5.2.1 Logistic 回归系数解释的调整

Logistic 回归把因变量转换成发生比对数后进行回归,回归系数表示为自变量每改变一个单位对发生比对数的改变。自变量在发生比对数上造成的影响是线性的并且是可加的,不用考虑 X 的水平或其他自变量的水平,每一个自变量对发生比对数都会有相同的影响,但从因变量单位的角度来说,对发生比对数产生的影响揭示不出什么有意义的关系,也很难去解释一个实质性的结果。自变量对概率的影响有直观意义,却又是非线性的并且不可相加,每一个自变量 X 在不同水平下,甚至结合了其他自变量的不同水平,对概率产生的影响都各有不同。因此,无法根据单个系数来简单概括自变量对因变量概率造成的影响,在解释概率的时候,需要对 Logistic 回归中自变量系数的解释做出调整。解释系数不是直接描述概率的改变,而是发生比对数的改变,并非直观解释,而是需要将自变量对发生比对数的影响转换为对概率的影响[205]。由于自变量和概率之间的关系是非线性的而且不可相加,它们之间无法用一个系数来简单描述。对概率的影响在指定好某一个特殊值后才能够被确认。

1. 连续型变量的转换

连续型自变量对概率影响的转换,涉及计算出每一个点切线的斜率。将自变量与概率联系的非线性等式的偏导数定义为切线斜率,即一条与 Logistic 曲线相切直线的斜率表示为 Logistic 曲线上一个特定点定义的自变量每变化一个单位在概率上的一个线性改变[205]。概率变化或者切线的斜率可通过一个简单的偏导公式展示。偏导数揭示的是自变量上一个单位的变化所带来概率上的改变,呈现了与概率相关的不可相加性以及非线性的特点。偏导公式绝妙地展示了一个自变量对概率所造成的不同影响,P 越接近最大值或最小值,$P\cdot(1-P)$的值就越小,X 上每变化一个单位对概率的影响就越小。当 $P=0.5$ 时,系数$\times0.5\times0.5$ 时对概率造成的影响最大,然而,如果因变量的划分并非均匀的,就会夸大对样本所造成的影响。在公式里可用概率 P 的平均数替换 0.5,能够得出更加实质的影响。概率的偏导公式如下所示:

$$\frac{\partial P}{\partial X_i}=\beta_i\cdot P\cdot(1-P) \tag{5-17}$$

式中:$\frac{\partial P}{\partial X_i}$表示在其他自变量不变的情况下自变量 X_i 对概率的边际影响;β_i 为 Logistic 回归中对发生比对数产生影响的自变量 X_i 的系数;P 为概率均值。

2. 虚拟变量的转换

在连续变量的情况下,由于自变量的微小改变在它所定义的切线上是有意义的,因此偏导的方法最合适。而对于虚拟变量来说,相关的改变发生在 0～1 之间,自变量上的微小改变在它所定义的切线上的意义较小,然而可以通过计算组与组之间的概率差来衡量虚拟自变量对概率的影响[205]。评估虚拟自变量对概率的影响,首先需要选择一个起始点——参照组的概率值(因变量的概率均值)计算出虚拟变量组的概率,两个概率相减即可得出概率差。具体步骤如下:① 计算因变量概率均值 P 的发生比对数作为参照组的发生比对数;② 虚拟变量组发生比对数为参照组发生比对数加上虚拟变量组 Logistic 回归系数;③ 根据虚拟变量组发生比对数计算出虚拟变量组的概率;④ 虚拟变量组概率减去参照组概率得出组之间的概率差。公式表示如下:

$$L_0=\ln\left(\frac{P_0}{1-P_0}\right) \quad \text{参照组发生比对数} \tag{5-18}$$

$$L_d=L_0+\beta_d \quad \text{虚拟变量组发生比对数} \tag{5-19}$$

$$P_d=\frac{1}{1+e^{-L_d}} \quad \text{虚拟变量组的概率} \tag{5-20}$$

$$\Delta P=P_d-P_0 \quad \text{组之间概率差} \tag{5-21}$$

式中:P_0 为因变量概率均值;β_d 为虚拟变量组 Logistic 回归系数;e 为自然常数(2.718 28)。

5.5.2.2 不显著影响因素分析

Y—Y 选择表示受访者对于初始投标值和较高投标值都愿意支付,并且预期支付金额可能高于较高投标值。11 组投标值 Y—Y 选择比例呈递减趋势,说明随着两个投标值的逐步增大,受访者 Y—Y 选择的概率减小,进一步说明投标值较好地覆盖了受访者的预期支付金额。如表 5-15 所示,Y—Y 选择的 Logistic 回归模型显示,支付意愿的影响因素中,关于俱乐部正外部性效益认知变量中的生活质量效益,人口统计学变量中的性别、年龄、受教育程度、居住地点、户籍及居住时间 3(16~20 年)在 95%的置信区间未达到统计上的显著性($P>0.05$)。即支付意愿在生活质量效益认知没有显著性差异,性别、年龄、受教育水平、居住地点、户籍等人口统计学变量也不存在显著性差异,说明这些因素未能对受访者的 Y—Y 选择意愿产生影响。男性受访者 Y—Y 选择意愿不会高于或低于女性受访者,Y—Y 选择意愿不会随着年龄的增大而增强或减小而减弱,高学历受访者的 Y—Y 选择意愿未高于低学历受访者,主场区域(虹口区)受访者的 Y—Y 选择意愿并没有高于主场区域之外的受访者,上海户籍受访者的 Y—Y 选择意愿并没有高于非上海户籍的受访者,影响因素未达到统计上显著性的原因后续进一步讨论。

5.5.2.3 显著性影响因素(连续型变量)分析

在 95%的置信区间达到统计上的显著性的影响因素中($P\leqslant0.05$),关于足球态度与行为变量的足球运动涉入度,俱乐部正外部性效益认知变量城市品牌效益、心理收入效益,俱乐部自身因素俱乐部历史与成绩对支付意愿呈正向影响(表 5-15)。

表 5-15 Y—Y 选择 Logistic 回归模型

影响因素	β_d	S. E.	Wals	df	Sig.	Exp(β_d)
足球运动涉入度	0.349	0.178	3.854	1	0.050	1.418
城市品牌效益	0.557	0.255	4.759	1	0.029	1.745
生活质量效益	−0.054	0.179	0.091	1	0.762	0.947
心理收入效益	0.515	0.262	3.864	1	0.049	1.674
俱乐部历史	0.390	0.155	6.357	1	0.012	1.477
俱乐部成绩	0.342	0.148	5.342	1	0.021	1.407
性别	0.094	0.243	0.149	1	0.699	1.098
*age*1	−1.775	1.293	1.885	1	0.170	0.169
*age*2	−0.826	0.905	0.833	1	0.361	0.438
*age*3	0.001	0.901	0.000	1	0.999	1.001
*age*4	−1.141	0.949	1.447	1	0.229	0.320
*edu*1	−0.015	0.565	0.001	1	0.979	0.985
*edu*2	−0.612	0.491	1.550	1	0.213	0.542
*edu*3	−0.585	0.584	1.003	1	0.317	0.557
*inc*1	−1.270	0.502	6.403	1	0.011	0.281
*inc*2	−0.855	0.415	4.240	1	0.039	0.425
*inc*3	−1.015	0.347	8.555	1	0.003	0.362
*time*1	−1.070	0.577	3.434	1	0.044	0.343
*time*2	−0.948	0.436	4.726	1	0.030	0.388
*time*3	−0.227	0.395	0.329	1	0.566	0.797
居住地点	−0.582	0.535	1.182	1	0.277	0.559
户籍	0.136	0.256	0.283	1	0.595	1.146
投标值 T_1	−0.007	0.001	54.247	1	0.000	0.993
投标值 T_2	0.005	0.001	37.862	1	0.000	1.005
常量	−3.416	1.688	4.095	1	0.009	0.032

足球运动涉入度，即对足球运动的兴趣越大，经常观看足球比赛或经常踢球的受访者对上海申花足球俱乐部做出 Y—Y 选择的概率越大。结果显示，足

球运动涉入度的回归系数为 0.349,并不表明足球运动涉入度改变 1 个单位,则 Y—Y 选择改变 0.349 个单位。此处只是在其他影响因素恒定的情况下涉入度对 Y—Y 选择发生比对数的影响,或者 0.349 是 Y—Y 选择发生比对数的影响系数,要分析对 Y—Y 选择概率的影响,需对回归系数进行调整。调查结果显示,Y—Y 选择概率均值为 0.402 7,根据式(5-17)可计算出足球运动涉入度对 Y—Y 选择概率的边际影响系数为 0.084,即在其他影响因素不变的情况下,足球运动涉入度增加 1 个单位,Y—Y 选择概率增加 8.4%。

城市品牌效益表明受访者对上海申花足球俱乐部提升上海知名度、形象与声誉的认知水平越高,Y—Y 选择的概率越大。回归结果显示,城市品牌效益对 Y—Y 选择发生比对数的回归系数为 0.557,通过偏导公式转换,城市品牌效益对 Y—Y 选择概率的边际影响系数为 0.134,即在其他影响因素不变的情况下,城市品牌效益增加 1 个单位,Y—Y 选择概率增加 13.4%。

心理收入效益表明居民从上海申花足球俱乐部获取的自豪感、认同感及归属感等感知收益越高,Y—Y 选择的概率越大。回归结果显示,心理收入对 Y—Y 选择发生比对数的回归系数为 0.515,通过偏导公式转换,心理收入效益对 Y—Y 选择的边际影响系数为 0.124,即心理收入效益每增加 1 个单位,Y—Y 选择概率增加 12.4%。

俱乐部历史方面,认为上海申花足球俱乐部历史较长会对 Y—Y 选择产生显著性影响。相对于我国职业体育发展史,上海申花俱乐部自我国职业体育开展伊始便已存在,可以说上海申花足球俱乐部作为上海第一家职业体育俱乐部见证了上海职业体育发展的历程,上海居民对上海申花足球俱乐部有着深厚的情怀。回归结果显示,俱乐部历史对 Y—Y 选择发生比对数的回归系数为 0.390。通过偏导公式转换,俱乐部历史对 Y—Y 选择的边际影响系数为 0.094,即俱乐部历史增加 1 年,Y—Y 选择概率增加 9.4%。

俱乐部成绩方面,认为上海申花足球俱乐部历史成绩较好,有夺冠的可能对 Y—Y 选择具有显著性影响。上海申花足球俱乐部在甲 A 时代曾两次夺得冠军,中超时代获得过一次亚军、一次足协杯冠军,虽然近两年联赛成绩较差,特别是 2019 赛季,前 11 轮比赛一场未胜,积分排名倒数第二。但上海申花足球俱乐部优异的历史成绩以及上海居民对其深厚的情怀,使他们依然相信,只要俱乐部做出积极的调整,引进更优秀的国内外的球员,上海申花足球俱乐部仍然有夺冠的可能。回归结果显示,俱乐部成绩对 Y—Y 选择发生比对数的回归系数为 0.342,通过偏导公式转换,俱乐部成绩对 Y—Y 选择的边际影响系数为 0.082,即俱乐部成绩提升 1 个名次,Y—Y 选择的概率增加 8.2%。

5.5.2.4 显著性影响因素(虚拟变量)分析

虚拟变量中,家庭可支配收入虚拟变量 *inc*1(4 万元以下)、*inc*2(4.1 万～8.0 万元)、*inc*3(8.1 万～12 万元),居住时间虚拟变量 *time*1(1～3 年)、*time*2(4～10 年)在 95%的置信区间均达到统计上的显著性($P\leqslant 0.05$),且与参照组呈负向作用(表 5-15),说明各虚拟变量组与参照组存在显著性差异,并且虚拟变量组 Y—Y 选择的概率比参照组小。

根据式(5-18)～式(5-21),样本中 Y—Y 选择的比例 0.402 7 的发生比对数等于−0.394。虚拟变量 *inc*1 的发生比对数为−1.664,对应的概率为0.159,因此在样本概率均值上,家庭可支配收入为 4 万元以下受访者的 Y—Y 选择概率比家庭可支配收入为 12 万元以上受访者低 24.37%。虚拟变量 *inc*2 的发生比对数为−1.249,对应的概率为 0.223,因此在样本概率均值上,家庭可支配收入 4.1 万～8.0 万元受访者的 Y—Y 选择概率比家庭可支配收入为 12 万元以上受访者低 17.97%。虚拟变量 *inc*3 的发生比对数为−1.409,对应的概率为 0.196,因此在样本概率均值上,家庭可支配收入 8.1 万～12 万元受访者的 Y—Y选择概率比家庭可支配收入为 12 万元以上受访者低 20.67%。以上家庭可支配收入虚拟变量组与参照组的概率差反映了不同层次家庭可支配收入的受访者 Y—Y 选择的概率存在显著性差异,随着家庭可支配收入的增加,Y—Y 选择的概率增大。

居住时间虚拟变量 *time*1 的发生比对数为−1.464,对应的概率为 0.188,因此在样本概率均值上,居住时间 1～3 年受访者的 Y—Y 选择概率比居住时间 20 年以上受访者低 21.47%。居住时间虚拟变量 *time*2 的发生比对数为−1.342,对应的概率为 0.207,因此在样本概率均值上,居住时间 4～10 年受访者的 Y—Y 选择概率比居住时间 20 年以上受访者低 19.57%。居住时间 1～3 年的受访者与 4～10 年的受访者与居住时间 20 年以上的受访者 Y—Y 选择的概率存在显著性差异,但居住时间 11～20 年的受访者对的 Y—Y 选择的概率不显著($P>0.05$),说明居住时间总体上并没有对 Y—Y 选择产生影响。

5.5.2.5 投标值的显著性分析

Y—Y 选择回归结果显示:投标值 T_1 的回归系数为−0.007($P=0.000$),说明 T_1 与 Y—Y 选择之间存在负向作用,即初始投标值越大,接受概率越小,初始投标值越小,接受概率越大,各投标值组合 Y—Y 选择频数分布便是佐证;T_2 的回归系数为 0.005($P=0.000$),说明 T_2 与 Y—Y 选择之间存在正向作用。Y—Y 选择为受访者在接受初始投标值的情况下,因为初始投标值未达到预期支付金额,会接受较高投标值 T_2,说明较高投标值 T_2 对较低投标值 T_1 的作用方向是正向的($T_2 > T_1$)。即使接受 T_2,也存在较高投标值没有满足预期投标金额 T 的可能($T \geqslant T_2$)。只要接受初始投标值就会接受较高投标值,两次针对投标值的选择是一致的。

5.5.2.6 Y—Y 选择 WTP 均值计算

基于以上 Y—Y 选择影响因素的显著性分析,可以得出 Y—Y 选择的 Logit 模型:

$$\begin{aligned}\mathrm{Logit}(P_{YY}) &= \ln[P_{YY}/(1-P_{YY})]\\ &= -3.416+0.349X_1+0.557X_2+0.515X_3+0.390X_4+0.342X_5\\ &\quad -1.270inc1-0.855inc2-1.015inc3-1.070time1-0.948time2\\ &\quad -0.002T\end{aligned}$$

式中:X_1 为足球运动涉入度;X_2 为城市品牌效益;X_3 为心理收入效益;X_4 为俱乐部历史;X_5 为俱乐部成绩;$inc1$ 为家庭可支配收入4万元以下;$inc2$ 为家庭可支配收入4.1万~8万元;$inc3$ 为家庭可支配收入8.1万~12万元;$time1$ 为居住时间1~3年;$time2$ 为居住时间4~10年;T 为投标值(支付金额)。

将模型系数代入式(5-15),得出 Y—Y 选择的 WTP 数学期望为1 718元/户。

$$\begin{aligned}E(WTP_{YY}) &= \int_0^{T_{\max}} \frac{\mathrm{d}T}{1+\exp(-\alpha-\beta\cdot\overline{X}-\lambda\cdot T)}\\ &= \frac{1}{\lambda}\ln\frac{1+\mathrm{e}^{\alpha+\beta\cdot\overline{X}+\lambda\cdot T_{\max}}}{1+\mathrm{e}^{\alpha+\beta\cdot\overline{X}}}\\ &= \frac{1}{-0.002}\ln\frac{1+\mathrm{e}^{-3.416+6.82+(-0.002\times 5\,000)}}{1+\mathrm{e}^{-3.416+6.82}}\\ &\approx 1\,718(\text{元/户})\end{aligned}$$

5.5.2.7 Y—Y 选择 Logit 模型检验

为了验证模型的正确性,首先进行模型整体的拟合优度检验或者说模型的整体适配度检验,与简单线性回归的 R^2 不同,Logistic 回归通常选择 Hosmer 和 Lemeshow 检验为回归模型的整体适配度检验结果,如果 Hosmer 和 Lemeshow 检验值未达到显著水平,表示模型适配度佳(与卡方检验正好相反)。表5-16中检验值等于4.809,$P=0.778$ 远远大于0.05,表明未达显著水平,整体回归模型的适配度良好,自变量可以有效预测因变量。此处 Hosmer 和 Lemeshow 检验卡方检验统计量表示,当卡方值未达显著时,表示模型的适配度或契合度佳。卡方统计量越小越好,卡方值越小越不会达到显著,表示回归模型越佳。

表 5-16 Y—Y 选择 Logit 模型检验结果

Hosmer 和 Lemeshow 检验	卡方	df	Sig.
	4.809	8	0.778
模型系数的综合检验	399.598	24	0.000
模型关联强度检验	−2 对数似然值	Cox & Snell R^2	Nagelkerke R^2
	515.343[a]	0.442	0.597

模型系数显著性的综合检验表示，24 个自变量所建立的回归模型的整体模型适配度检验的卡方值等于 399.598，$P=0.000<0.05$（表 5-16），达到显著水平，表示在投入的 24 个自变量[投标值 T_1、投标值 T_2、足球运动涉入度、城市品牌效益、生活质量效益、心理收入效益、俱乐部历史、俱乐部成绩、性别、年龄（4 个水平虚拟变量）、受教育程度（3 个水平虚拟变量）、家庭可支配收入（3 个水平虚拟变量）、居住时间（3 个水平虚拟变量）、居住地点、户籍]中至少有一个自变量可以有效解释与预测样本在 Y—Y 选择的结果，至于是哪几个自变量需要进行个别参数系数显著性的估计后方能得知。

自变量与因变量关联强度的性质与多元线性回归中的 R^2 值（决定系数）类似，但 Logistic 回归分析中的关联强度旨在说明回归模型的自变量与因变量关系的强度，但无法说明因变量的变异量可以被自变量解释的百分比（因 Logistic 回归分析中的因变量不是连续变量，不能以解释变异量来解释）。Cox & Snell R^2 和 Nagelkerke R^2 分别为 0.442、0.597（表 5-16），表示所投入的 24 个自变量与因变量 Y—Y 选择有中等强度的关联。

5.5.3 Y—N 选择影响因素结果与分析

5.5.3.1 不显著影响因素分析

Y—N 选择为受访者对初始投标值愿意支付，而对较高投标值不愿意支付，表明初始投标值正好符合受访者的预期支付金额，较高投标值则超出了受访者的预期支付金额。如表 5-17 所示，Y—N 选择的 Logistic 回归模型显示，所有影响因素中，不显著性因素与 Y—Y 选择较为相似，生活质量效益、俱乐部成绩，社会经济属性变量中的性别、年龄、受教育程度、居住地点、户籍及居住时间 1（1～3 年）和居住时间 3（16～20 年）在 95％的置信区间未达到统计上的显著性（$P>0.05$）。即 Y—N 选择在生活质量效益、俱乐部成绩认知上没有显著性差异，在性别、年龄、受教育水平、居住时间 1 和 3、居住地点、户籍等人口统计学变量上也不存在显著性差异，说明这些因素未能影响受访者的 Y—N 选择。

表 5-17　Y—N 选择 Logistic 回归模型

影响因素	β_d	S. E.	Wals	df	Sig.	Exp(β_d)
足球运动涉入度	0.396	0.195	4.131	1	0.042	1.486
城市品牌效益	0.573	0.230	6.200	1	0.013	1.774
生活质量效益	0.054	0.219	0.061	1	0.806	1.055
心理收入效益	0.548	0.273	4.034	1	0.045	1.729
俱乐部历史	0.389	0.164	5.624	1	0.018	1.476
俱乐部成绩	−0.190	0.138	1.893	1	0.169	0.827
性别	−0.241	0.245	0.966	1	0.326	0.786
*age*1	0.841	1.347	0.390	1	0.532	2.320
*age*2	0.716	1.019	0.494	1	0.482	2.047
*age*3	−0.102	1.018	0.010	1	0.920	0.903
*age*4	0.505	1.060	0.227	1	0.634	1.657
*edu*1	−0.345	0.596	0.335	1	0.563	0.708
*edu*2	0.077	0.509	0.023	1	0.881	1.080
*edu*3	0.260	0.614	0.180	1	0.672	1.297
*inc*1	−1.149	0.560	4.218	1	0.040	0.317
*inc*2	−0.976	0.453	4.645	1	0.031	0.377
*inc*3	−1.078	0.362	8.852	1	0.003	0.340
*time*1	0.394	0.654	0.363	1	0.547	1.484
*time*2	−0.967	0.459	4.439	1	0.035	0.380
*time*3	0.381	0.397	0.919	1	0.338	1.463
居住地点	0.541	0.522	1.077	1	0.299	1.718
户籍	−0.338	0.267	1.600	1	0.206	0.713
投标值 T_1	−0.009	0.001	42.010	1	0.000	0.992
投标值 T_2	0.007	0.001	51.227	1	0.000	1.007
常量	−3.830	1.603	1.442	1	0.000	0.022

5.5.3.2 显著性影响因素(连续型变量)分析

在95%的置信区间达到统计上的显著性影响因素中($P \leqslant 0.005$),足球运动涉入度、城市品牌效益、心理收入效益、俱乐部历史对Y—N支付意愿呈正向影响,即受访者的足球运动涉入度越高,以及对城市品牌效益、心理收入效益、俱乐部历史的认知水平越高,Y—N选择概率越大。

回归结果显示:足球运动涉入度对Y—N选择发生比对数的回归系数为0.396,通过偏导公式转换得出足球运动涉入度对Y—N选择概率的边际影响系数为0.067,即在其他影响因素不变的情况下,足球运动涉入度增加1个单位,Y—N选择概率增加6.7%。城市品牌效益对Y—N选择发生比对数的回归系数为0.573,通过偏导公式转换,城市品牌效益对Y—N选择概率的边际影响系数为0.097,即在其他影响因素不变的情况下,城市品牌效益增加1个单位,Y—N选择概率增加9.7%。心理收入效益对Y—N选择发生比对数的回归系数为0.548,通过偏导公式转换,心理收入效益对Y—N选择的边际影响系数为0.093,即心理收入效益每增加1个单位,Y—N选择概率增加9.3%。俱乐部历史对Y—N选择发生比对数的回归系数为0.389,通过偏导公式转换,俱乐部历史对Y—N选择的边际影响系数为0.066,即俱乐部历史增加1年,Y—N选择的概率增加6.6%。

5.5.3.3 显著性影响因素(虚拟变量)分析

虚拟变量中,家庭可支配收入 *inc*1(4万元以下)、*inc*2(4.1万~8万元)、*inc*3(8.1万~12万元),居住时间 *time*2(4~10年)在95%的置信区间均达到统计上的显著性($P \leqslant 0.05$),且与参照组呈负向作用,说明各虚拟变量组与参照组存在显著性差异,并且虚拟变量组Y—N选择的概率比参照组小。

根据式(5-18)~式(5-21)可知,样本中Y—N选择概率均值0.215 5的发生比对数等于−1.292。虚拟变量 *inc*1 的发生比对数为−2.441,对应的概率为0.080,因此在样本概率均值上,家庭可支配收入为4万元以下受访者的Y—N选择概率比家庭可支配收入为12万元以上受访者低13.55%。虚拟变量 *inc*2 的发生比对数为−2.268,对应的概率为0.094,因此在样本概率均值上,家庭可支配收入4.1万~8万元受访者的Y—N选择概率比家庭可支配收入为12万元以上受访者低12.15%。虚拟变量 *inc*3 的发生比对数为−2.370,对应的概率为0.085,因此在样本概率均值上,家庭可支配收入8.1万~12万元受访者的Y—N选择概率比家庭可支配收入为12万元以上受访者低13.05%。以上家庭可支配收入虚拟变量组与参照组的概率差反映了不同水平家庭可支配收入的受访者Y—N选择概率存在显著性差异,且随着家庭可支配收入的增加,

Y—N 选择概率增大。

居住时间虚拟变量 *time*2 的发生比对数为－2.259,对应的概率为 0.095,因此在样本概率均值上,居住时间 4～10 年受访者的 Y—N 选择概率比居住时间 20 年以上受访者低 12.05%。居住时间 4～10 年的受访者与居住时间 20 年以上的受访者 Y—N 选择概率存在显著性差异,但居住时间 1～3 年和 11～20 年的受访者对 Y—N 选择概率的影响不显著($P>0.05$),说明居住时间总体上不会对 Y—N 选择产生影响,也进一步说明定类或定距变量转换为虚拟变量可以减小统计误差。

5.5.3.4 投标值的显著性分析

Y—N 选择回归结果显示:投标值 T_1 的回归系数为－0.009($P=0.000$),说明 T_1 与 Y—N 选择之间存在负向作用,即初始投标值越大,接受概率越小,初始投标值越小,接受概率越大,11 组投标值 Y—N 选择频数分布便是佐证;T_2 回归系数为 0.007($P=0.000$),说明 T_2 与 Y—N 选择之间存在正向作用。Y—N 选择为受访者接受初始投标值,拒绝较高投标值,即受访者预期支付金额大于或等于初始投标值且小于较高投标值($T_1 \leqslant T < T_2$)。较高投标值是在受访者接受较低投标值的前提下,追加一个大于初始投标值的较高投标值,以了解受访者是接受还是拒绝。Y—N 选择为受访者拒绝较高投标值(接受概率为 0),但就投标值本身而言,较高投标值 T_2 大于初始投标值 T_1,即 T_2 对 T_1 的作用方向是正向的,即使受访者针对 T_2 拒绝支付,但不影响 T_2 对 T_1 的正向作用。因此 T_2 对 Y—N 选择的影响是正向的(回归系数为正)。换言之,T_2 与其自身大小、T_1 的支付意愿以及与 T_1 的大小有关。不管是做出哪种选择,投标值录入时,Y—Y 与 Y—N 选择中的 T_1 与 T_2 的选择是一致的,为初始投标值和较高投标值,N—Y 与 N—N 选择中 T_1 与 T_2 的选择是一致的,为初始投标值与较低投标值。

5.5.3.5 Y—N 选择 WTP 均值计算

基于以上 Y—N 选择影响因素的显著性分析,可以得出 Y—N 选择的 Logit 模型:

$$\begin{aligned}\mathrm{Logit}(P_{YN}) &= \ln[P_{YN}/(1-P_{YN})] \\ &= -3.830+0.396X_1+0.573X_2+0.548X_3+0.389X_4- \\ &\quad 1.149inc1-0.976inc2-1.078inc3-0.967time2-0.002T\end{aligned}$$

式中:X_1 为足球运动涉入度;X_2 为城市品牌效益;X_3 为心理收入效益;X_4 为俱乐部历史;*inc*1 为家庭可支配收入 4 万元以下;*inc*2 为家庭可支配收入 4.1 万～8 万元;*inc*3 为家庭可支配收入 8.1 万～12 万元;*time*2 为居住时间

4～10 年；T 为投标值（支付金额）。

将模型的系数代入式(5-15)，得出 Y—N 选择 WTP 的数学期望为 1 130 元/户。

$$
\begin{aligned}
E(WTP_{YN}) &= \int_0^{T_{max}} \frac{dT}{1+\exp(-\alpha-\beta\cdot\overline{X}-\lambda\cdot T)} \\
&= \frac{1}{\lambda}\ln\frac{1+e^{\alpha+\beta\cdot\overline{X}+\lambda\cdot T_{max}}}{1+e^{\alpha+\beta\cdot\overline{X}}} \\
&= \frac{1}{-0.002}\ln\frac{1+e^{-3.83+5.98+(-0.002\times 5\,000)}}{1+e^{-3.83+5.98}} \\
&\approx 1\,130(\text{元/户})
\end{aligned}
$$

5.5.3.6 Y—N 选择 Logit 模型检验

如表 5-18 所示，模型系数显著性的综合检验表明 24 个自变量所建立的回归模型的整体模型适配度检验的卡方值等于 227.498，$P=0.000<0.05$，达到显著水平，表示在投入的 24 个自变量[投标值 T_1、投标值 T_2、足球运动涉入度、城市品牌效益、生活质量效益、心理收入效益、俱乐部历史、俱乐部成绩、性别、年龄(4 个水平虚拟变量)、受教育程度(3 个水平虚拟变量)、家庭可支配收入(3 个水平虚拟变量)、居住时间(3 个水平虚拟变量)、居住地点、户籍]中至少有一个自变量可以有效解释与预测样本在 Y—N 选择的结果，至于是哪几个自变量需要进行个别参数系数显著性的估计后方能得知。Hosmer 和 Lemeshow 检验卡方等于 6.075，$P=0.639$ 远远大于 0.05，表明未达显著水平，整体回归模型的适配度良好，自变量可以有效预测因变量。在自变量与因变量的关联强度的检验结果中，Cox & Snell R^2 和 Nagelkerke R^2 分别为 0.287、0.443，表示所投入的 24 个自变量与因变量 Y—N 支付意愿有中等强度的关联。

表 5-18 Y—N 选择 Logit 模型检验结果

Hosmer 和 Lemeshow 检验	卡方	df	Sig.
	6.075	8	0.639
模型系数的综合检验	227.498	24	0.000
模型关联强度检验	－2 对数似然值	Cox & Snell R^2	Nagelkerke R^2
	473.893[a]	0.287	0.443

5.5.4　N—Y 选择影响因素结果与分析

5.5.4.1　不显著影响因素分析

N—Y 选择为受访者对初始投标值不愿意支付,对较低投标值愿意支付,表示初始投标值超出了受访者的预期支付金额,而较低投标值符合受访者的预期支付金额,也有可能稍高于预期支付金额($T_2 \leqslant T < T_1$)。如表 5-19 所示,N—Y 选择的 Logistic 回归模型显示,不显著性因素增多,城市品牌效益、生活质量效益、俱乐部成绩,以及人口统计学变量中的性别、年龄、受教育程度、居住地点、户籍及居住时间 1 和 3 在 95%的置信区间未达到统计上的显著性($P > 0.05$)。即 N—Y 选择在城市品牌效益、生活质量效益、俱乐部成绩认知上没有显著性差异,在性别、年龄、受教育水平、居住时间 1 和 3、居住地点、户籍等社会经济属性变量上也不存在显著性差异,说明这些因素未能影响受访者的 N—Y 选择。

表 5-19　N—Y 选择 Logistic 回归模型

影响因素	β_d	S. E.	Wals	df	Sig.	Exp(β_d)
足球运动涉入度	0.439	0.195	5.095	1	0.024	1.551
城市品牌效益	−0.106	0.369	0.082	1	0.775	0.900
生活质量效益	−0.020	0.304	0.004	1	0.947	0.980
心理收入效益	0.739	0.276	7.152	1	0.007	2.094
俱乐部历史	0.403	0.163	6.115	1	0.013	1.497
俱乐部成绩	0.328	0.204	2.582	1	0.108	1.388
性别	0.155	0.365	0.180	1	0.671	1.168
*age*1	1.685	1.621	1.081	1	0.299	5.392
*age*2	1.817	1.499	1.468	1	0.226	6.151
*age*3	0.997	1.490	0.448	1	0.503	2.711
*age*4	1.354	1.594	0.722	1	0.396	3.872
*edu*1	0.545	0.809	0.454	1	0.501	1.724
*edu*2	0.802	0.746	1.154	1	0.283	2.229
*edu*3	0.847	0.897	0.892	1	0.345	2.334
*inc*1	−1.279	0.552	5.370	1	0.020	0.339
*inc*2	−1.043	0.446	5.459	1	0.019	0.353

表 5-19（续）

影响因素	β_d	S. E.	Wals	df	Sig.	Exp(β_d)
*inc*3	−1.078	0.359	9.000	1	0.003	0.278
*time*1	−0.840	0.853	0.969	1	0.325	0.432
*time*2	−1.408	0.702	4.030	1	0.035	0.245
*time*3	−0.995	0.632	2.479	1	0.115	0.370
居住地点	−0.466	0.912	0.261	1	0.609	0.627
户籍	−0.509	0.424	1.441	1	0.230	0.601
投标值 T_1	0.009	0.001	60.561	1	0.000	1.009
投标值 T_2	−0.012	0.002	55.696	1	0.000	0.988
常量	−2.454	2.275	1.164	1	0.281	0.086

5.5.4.2 显著性影响因素（连续型变量）分析

在 95%的置信区间达到统计上的显著性的影响因素中（$P \leqslant 0.05$），足球运动涉入度、心理收入效益、俱乐部历史对 N—Y 选择呈正向影响（表 5-19），即受访者的足球运动涉入度越高，以及对心理收入效益、俱乐部历史的认知水平越高，N—Y 选择概率越大。同时发现，显著性影响因素相较于 Y—Y 与 Y—N 选择在逐渐减少，N—N 选择亦是如此，说明投标值是影响 N—Y 与 N—N 选择的决定性因素，初始投标值没有达到受访者的预期支付金额。

回归结果显示，足球运动涉入度对 N—Y 选择发生比对数的回归系数为 0.439，通过偏导公式转换得出足球运动涉入度对 N—Y 选择概率的边际影响系数为 0.055，即在其他影响因素不变的情况下，足球运动涉入度增加 1 个单位，N—Y 选择的概率增加 5.5%。心理收入对 N—Y 选择发生比对数的回归系数为 0.739，通过偏导公式转换，心理收入效益对 N—Y 支付意愿的边际影响系数为 0.093，即心理收入效益每增加 1 个单位，N—Y 选择概率增加 9.3%。俱乐部历史对 N—Y 选择发生比对数的回归系数为 0.403，通过偏导公式转换，俱乐部历史对 N—Y 选择的边际影响系数为 0.051，即俱乐部历史增加 1 年，N—Y 选择的概率增加 5.1%。

5.5.4.3 显著性影响因素（虚拟变量）分析

虚拟变量中，家庭可支配收入 *inc*1（4 万元以下）、*inc*2（4.1 万～8 万元）、*inc*3（8.1 万～12 万元）、*time*2（4～10 年）在 95%的置信区间均达到统计上的显著性($P\leqslant 0.05$),且与参照组呈负向作用(表 5-19),说明各虚拟变量组与参照组存在显著性差异,并且虚拟变量组 N—Y 选择概率比参照组小。

根据式(5-18)~式(5-21)可知,样本中 N—Y 选择概率均值 0.147 1 的发生比对数等于−1.758。虚拟变量 *inc*1 的发生比对数为−3.037,对应的概率为 0.046,因此在样本概率均值上,家庭可支配收入为 4 万元以下受访者的 N—Y 选择概率比家庭可支配收入为 12 万元以上受访者低 10.11%。虚拟变量 *inc*2 的发生比对数为−2.801,对应的概率为 0.057,因此在样本概率均值上,家庭可支配收入 4.1 万~8 万元受访者的 N—Y 选择概率比家庭可支配收入为 12 万元以上受访者低 9.01%。虚拟变量 *inc*3 的发生比对数为−2.836,对应的概率为 0.055,因此在样本概率均值上,家庭可支配收入 8.1 万~12 万元受访者的 N—Y支付意愿概率比家庭可支配收入为 12 万元以上受访者低 9.21%。以上家庭可支配收入虚拟变量组与参照组的概率差反映了不同水平家庭可支配收入的受访者 N—Y 选择概率存在显著性差异,且随着家庭可支配收入的增加,N—Y 选择概率增大。

虚拟变量 *time*2 的发生比对数为−3.166,对应的概率为 0.040,因此在样本概率均值上,居住时间 4~10 年受访者的支付意愿比居住时间 20 年以上的受访者低 10.71%。居住时间 4~10 年的受访者与居住时间 20 年以上的受访者 N—Y 选择概率存在显著性差异,但居住时间 1~3 年和 11~20 年的受访者对 N—Y 选择概率的影响不显著($P>0.05$),说明居住时间总体上不会对 N—Y 选择产生影响。

5.5.4.4　投标值的显著性分析

N—Y 选择回归结果显示(见表 5-19),投标值 T_1 的回归系数为 0.009 ($P=0.000$),说明 T_1 与 N—Y 选择之间存在正向作用,即初始投标值越大,拒绝概率越大,初始投标值越小,拒绝概率越小,11 组投标值 N—Y 选择频数与百分比分布便是佐证。随着投标值增大,N—Y 选择百分比基本呈递增趋势(最小投标值组合 N—Y 选择百分比只有 2.99%,最大投标值组合 N—Y 选择百分比为 40.38%)。T_2 的回归系数为−0.012($P=0.000$),说明 T_2 与 N—Y 选择之间存在负向作用。N—Y 选择为受访者拒绝初始投标值,接受较低投标值,即较低投标值符合受访者预期支付金额($T_2\leqslant T<T_1$),但较低投标值小于初始投标值,即 T_2 对 T_1 的作用方向是反向的,不管受访者是接受还是拒绝较低投标值,都不影响 T_2 对 T_1 的作用方向。T_2 与其自身大小、T_1 的支付意愿以及与 T_1 的大小有关,所以 T_2 对 N—Y 选择的影响是负向的(回归系数为负)。

5.5.4.5 N—Y 选择 WTP 均值

基于以上 N—Y 选择影响因素的显著性分析，可以得出 N—Y 选择的 Logit 模型：

$$
\begin{aligned}
\mathrm{Logit}(P_{NY}) &= \ln[P_{NY}/(1-P_{NY})] \\
&= -2.454+0.439X_1+0.74X_2+0.403X_3-1.279inc1- \\
&\quad 1.043inc2-1.078inc3-1.408time2-0.003T
\end{aligned}
$$

式中：X_1 为足球运动涉入度；X_2 为心理收入效益；X_3 为俱乐部历史；$inc1$ 为家庭可支配收入 4 万元以下；$inc2$ 为家庭可支配收入 4.1 万～8 万元；$inc3$ 为家庭可支配收入 8.1～12 万元；$time2$ 为居住时间 4～10 年；T 为投标值（支付金额）。

将模型的系数代入式(5-15)，得出 N—Y 选择 WTP 的数学期望为 911 元/户。

$$
\begin{aligned}
E(WTP_{NY}) &= \int_0^{T_{\max}} \frac{\mathrm{d}T}{1+\exp(-\alpha-\beta\cdot\overline{X}-\lambda\cdot T)} \\
&= \frac{1}{\lambda}\ln\frac{1+e^{\alpha+\beta\cdot\overline{X}+\lambda\cdot T_{\max}}}{1+e^{\alpha+\beta\cdot\overline{X}}} \\
&= \frac{1}{-0.003}\ln\frac{1+e^{-2.454+5.12+(-0.003\times 4\,000)}}{1+e^{-2.454+5.12}} \\
&= 911(\text{元/户})
\end{aligned}
$$

5.5.4.6 N—Y 选择 Logit 模型检验

如表 5-20 所示，模型系数显著性的综合检验表明 24 个自变量所建立的回归模型的整体模型适配度检验的卡方值等于 233.616，$P=0.000<0.05$，达到显著水平，表示在投入的 24 个自变量[投标值 T_1、投标值 T_2、足球运动涉入度、城市品牌效益、生活质量效益、心理收入效益、俱乐部历史、俱乐部成绩、性别、年龄(4 个水平虚拟变量)、受教育程度(3 个水平虚拟变量)、家庭可支配收入(3 个水平虚拟变量)、居住时间(3 个水平虚拟变量)、居住地点、户籍]中至少有一个自变量可以有效解释与预测样本在 N—Y 选择的结果，至于是哪几个自变量需要进行个别参数系数显著性的估计后方能得知。Hosmer 和 Lemeshow 检验值等于 4.271，$P=0.832>0.05$，表明未达显著水平，整体回归模型的适配度良好，自变量可以有效预测因变量。在自变量与因变量关联强度的检验结果中，Cox & Snell R^2 和 Nagelkerke R^2 分别为 0.281、0.434，表明所投入的 24 个自变量与因变量 N—Y 选择有中强度的关联。

表 5-20　N—Y 选择 Logit 模型检验结果

Hosmer 和 Lemeshow 检验	卡方	df	Sig.
	4.271	8	0.832
模型系数的综合检验	233.616	24	0.000
模型关联强度检验	−2 对数似然值	Cox & Snell R^2	Nagelkerke R^2
	479.461[a]	0.281	0.434

5.5.5　N—N 选择影响因素结果与分析

5.5.5.1　不显著影响因素分析

N—N 选择为受访者对初始投标值与较低投标值都不愿意支付,但并不表明受访者拒绝支付,可能是由于初始投标值高于或较低投标值低于受访者的预期支付金额($T<T_2$ 或 $T>T_1$),因而选择抗议性零支付。特别是投标值越高,N—N 选择概率越大,11 组投标值 N—N 选择比例呈递增趋势,证明越高的投标值,受访者选择抗议性零支付的概率越大。如表 5-21 所示,N—N 选择的 Logistic 回归模型显示,不显著性因素增多,城市品牌效益、生活质量效益、俱乐部历史以及人口统计学变量中的性别、年龄、受教育程度、居住地点、户籍、居住时间以及家庭可支配收入 1 和 2 在 95%的置信区间未达到统计上的显著性($P>0.05$)。即 N—N 选择在城市品牌效益、生活质量效益、俱乐部历史认知上没有显著性差异,在性别、年龄、受教育水平、居住时间、居住地点、户籍,以及家庭可支配收入 1 和 2 等人口统计学变量上也不存在显著性差异,说明这些因素未能影响受访者的 N—N 选择。家庭可支配收入 1 和 2 的受访者对 N—N 选择概率的影响不显著($P>0.05$),说明家庭可支配收入总体上不会对 N—N 选择产生影响。这也进一步说明投标值是影响受访者 N—N 选择的决定因素,其他能够影响 N—N 选择的因素越来越少。总体来看,Y—Y 与 Y—N 选择的影响因素相似且较多,N—Y 与 N—N 选择的影响因素相对都要少。

5.5.5.2　显著性影响因素(连续型变量)分析

在 95%的置信区间未达到统计上的显著性的影响因素中($P\leqslant 0.05$),足球运动涉入度、心理收入效益、俱乐部成绩对 N—N 支付意愿呈显著性负向影响(见表 5-21),即受访者的足球运动涉入度越高,以及对心理收入效益、俱乐部成绩的认知水平越高,N—N 选择概率越小。但这并不表明受访者拒绝支付,而是给定的投标值过高或过低,未能达到受访者预期的支付金额而选择抗议性零支付，所以初始投标值和较低投标值都拒绝支付。

表 5-21 N—N 选择 Logistic 回归模型

影响因素	β_d	S. E.	Wals	df	Sig.	Exp(β_d)
足球运动涉入度	−0.469	0.207	5.125	1	0.024	0.626
城市品牌效益	−0.129	0.290	0.198	1	0.656	0.879
生活质量效益	0.271	0.242	1.257	1	0.262	1.312
心理收入效益	−0.570	0.266	4.591	1	0.032	0.565
俱乐部历史	0.061	0.173	0.125	1	0.724	1.063
俱乐部成绩	−0.358	0.167	4.617	1	0.032	0.699
性别	0.178	0.297	0.360	1	0.548	1.195
*age*1	0.746	1.667	0.200	1	0.655	2.108
*age*2	−0.413	1.540	0.072	1	0.789	0.662
*age*3	−0.390	1.541	0.064	1	0.800	0.677
*age*4	−0.113	1.597	0.005	1	0.944	0.894
*edu*1	0.548	0.666	0.679	1	0.410	1.731
*edu*2	−0.090	0.596	0.023	1	0.880	0.914
*edu*3	0.297	0.734	0.164	1	0.686	1.346
*inc*1	0.133	0.491	0.074	1	0.786	1.142
*inc*2	−0.377	0.437	0.743	1	0.389	0.686
*inc*3	−3.303	0.570	33.611	1	0.000	0.037
*time*1	0.608	0.634	0.921	1	0.337	1.837
*time*2	0.508	0.522	0.948	1	0.330	1.662
*time*3	−0.185	0.493	0.141	1	0.708	0.831
居住地点	0.249	0.648	0.147	1	0.701	1.283
户籍	0.300	0.339	0.782	1	0.376	1.349
投标值 T_1	0.008	0.001	68.065	1	0.000	1.008
投标值 T_2	−0.009	0.001	55.274	1	0.000	0.991
常量	6.825	2.007	11.564	1	0.000	920.572

回归结果显示:足球运动涉入度对 N—N 选择发生比对数的回归系数为 −0.469,通过偏导公式转换得出足球运动涉入度对 N—N 选择概率的边际影响系数为 0.084,即在其他影响因素不变的情况下,足球运动涉入度增加 1 个单位,对 N—N 选择概率减少 8.4%。心理收入效益对 N—N 选择发生比对数的回归系数为 −0.570,通过偏导公式转换,心理收入效益对 N—N 选择的边际影响系数为 0.102,即心理收入效益每增加 1 个单位,N—N 选择概率减少 10.2%。俱乐部成绩对 N—N 选择发生比对数的影响为 −0.358,通过偏导公式转换,俱乐部成绩对 N—N 选择的边际影响系数为 0.064,即俱乐部成绩增加 1 个名次,N—N 选择概率减少 6.4%。

5.5.5.3　显著性影响因素(虚拟变量)分析

虚拟变量中,家庭可支配收入 *inc*3(8.1 万~12 万元)在 95% 的置信区间达到统计上的显著性($P\leqslant0.05$),且与参照组呈负向作用(表 5-21),说明虚拟变量 *inc*3 与参照组存在显著性差异,并且虚拟变量 *inc*3 的 N—N 选择概率比参照组小。

根据式(5-18)~式(5-21)可知,样本中 N—N 选择概率均值 0.234 8 的发生比对数等于 −1.181。虚拟变量 *inc*3 的发生比对数为 −4.484,对应的概率为 0.011,因此在样本概率均值上,家庭可支配收入为 8.1 万~12 万元受访者的 N—N 选择概率比家庭可支配收入为 12 万元以上受访者低 22.38%。家庭可支配收入 4 万元以下与 4.1 万~8 万元的受访者对 N—N 选择概率的影响不显著($P>0.05$),三个虚拟变量中两个影响不显著,说明家庭可支配收入总体上不会对 N—N 选择产生影响。

5.5.5.4　投标值的显著性分析

N—N 选择为受访者既拒绝初始投标值又拒绝较低投标值,即初始投标值和较低投标值都不符合受访者预期支付金额,给定的投标值要么高于受访者的预期,要么低于受访者的预期。N—N 选择回归结果显示(见表 5-21):投标值 T_1 为 0.008($P=0.000$),说明 T_1 与 N—N 选择之间存在正向作用,即初始投标值越大,拒绝概率越大,初始投标值越小,拒绝概率越小,11 组投标值 N—N 选择频数与百分比分布便是佐证。随着投标值增大,N—N 选择的百分比基本呈递增趋势(最小投标值组合 N—N 选择百分比只有 2.99%,最大投标值组合 N—N 选择百分比为 50.00%)。T_2 回归系数为 −0.009($P=0.000$),说明 T_2 与 N—N 选择之间存在负向作用。虽然 T_1 与 N—N 选择呈正向关系,但 T_2 小于 T_1,即 T_2 对 T_1 的作用方向是反向的。如前文所述,T_2 与其自身大小、T_1 的支付意愿以及与 T_1 的大小有关。因为投标值录入时,$Y—Y$ 与 $Y—N$ 选择 T_1、

T_2 值是一致的且 T_2 大于 T_1，N—Y 与 N—N 选择 T_1、T_2 值是一致的且 T_2 小于 T_1。

5.5.5.5 N—N 选择 WTP 均值

基于以上 N—N 选择影响因素的显著性分析，可以得出 N—N 选择的 Logit 模型：

$$\begin{aligned}\text{Logit}(P_{NN}) &= \ln[P_{NN}/(1-P_{NN})] \\ &= 6.825 - 0.469X_1 - 0.570X_2 - \\ &\quad 0.358X_3 - 3.303inc3 - 0.001T\end{aligned}$$

式中：X_1 为足球运动涉入度；X_2 为心理收入效益；X_3 为俱乐部成绩；$inc3$ 为家庭可支配收入 8.1 万～12 万元；T 为投标值（支付金额）。

将模型的系数代入式（5-15），得出 N—N 支付意愿的数学期望为 1 275 元/户。

$$\begin{aligned}E(WTP_{NN}) &= \int_0^{T_{max}} \frac{dT}{1+\exp(-\alpha-\beta\cdot\overline{X}-\lambda\cdot T)} \\ &= \frac{1}{\lambda}\ln\frac{1+e^{\alpha+\beta\cdot\overline{X}+\lambda\cdot T_{max}}}{1+e^{\alpha+\beta\cdot\overline{X}}} \\ &= \frac{1}{-0.001}\ln\frac{1+e^{6.825-5.81+(-0.001\times 4\,000)}}{1+e^{6.825-5.81}} \\ &\approx 1\,275(\text{元/户})\end{aligned}$$

5.5.5.6 N—N 选择 Logit 模型检验

模型系数显著性的综合检验表示，24 个自变量所建立的回归模型的整体模型适配度检验的卡方值等于 481.701，$P=0.000<0.05$，达到显著水平，表示在投入的 24 个自变量[投标值 T_1、投标值 T_2、足球运动涉入度、城市品牌效益、生活质量效益、心理收入效益、俱乐部历史、俱乐部成绩、性别、年龄（4 个水平虚拟变量）、受教育程度（3 个水平虚拟变量）、家庭可支配收入（3 个水平虚拟变量）、居住时间（3 个水平虚拟变量）、居住地点、户籍]中至少有一个自变量可以有效解释与预测样本在 N—N 选择的结果，至于是哪几个自变量需要进行个别参数系数显著性的估计后方能得知。Hosmer 和 Lemeshow 检验的卡方值等于 4.481，$P=0.811>0.05$，表明未达到显著水平，整体回归模型的适配度良好，自变量可以有效预测因变量。自变量与因变量的关联强度的检验结果，Cox & Snell R^2 和 Nagelkerke R^2 分别为 0.511、0.750，表明所投入的 24 个自变量与因变量 N—N 选择存在中高强度的关联。

表 5-22　N—N 选择 Logit 模型检验结果

Hosmer 和 Lemeshow 检验	卡方	df	Sig.
	4.481	8	0.811
模型系数的综合检验	481.701	24	0.000
模型关联强度检验	−2 对数似然值	Cox & Snell R^2	Nagelkerke R^2
	287.576[a]	0.511	0.750

5.5.6　双边界二分式下总样本 WTP 均值计算

通过对 Y—Y、Y—N、N—Y、N—N 选择的 Logistic 回归,运用极大似然估计法,得出各解释变量的参数,将参数分别代入 WTP 数学期望公式,得出 Y—Y、Y—N、N—Y、N—N 选择的 WTP 均值分别为 1 718 元/户、1 130 元/户、911 元/户、1 275 元/户,然后按下式计算得到双边界二分式引导技术下受访者对申花俱乐部的 WTP 加权平均值为 1 369 元/户。

$$
\begin{aligned}
E(WTP) &= \sum nE(WTP_i) \\
&= E(WTP_{YY}) \cdot P_{YY} + E(WTP_{YN}) \cdot P_{YN} + \\
&\quad E(WTP_{NY}) \cdot P_{NY} + E(WTP_{NN}) \cdot P_{NN} \\
&= 1\,718 \times 0.402\,7 + 1\,130 \times 0.215\,5 + \\
&\quad 911 \times 0.147\,1 + 1\,275 \times 0.234\,8 \\
&\approx 1\,369(\text{元/户})
\end{aligned}
$$

根据上海市统计局发布的《2018 年上海统计年鉴》[206]可知,上海家庭总户数为 546.13 万户,以总样本 WTP 均值估算出申花足球俱乐部每年的非市场价值约为 37.1 亿元。上海申花足球俱乐部巨大的非市场价值的存在,地方政府应该对其重视,并给予适当补贴。但补贴金额应基于"统筹兼顾、保证重点"的公共财政支出原则,即在保证基本公共服务的前提下,兼顾有助于城市发展与居民美好生活的职业体育俱乐部正外部性效益。与此同时,可以参考非市场价值的构成比例,基于主场城市及其居民视角的职业体育俱乐部非市场价值由城市品牌价值、生活质量价值、心理收入价值构成,三者比例可根据支付动机比例确定,据此可得出城市品牌价值约为 13.7 亿元、心理收入价值约为 16.8 亿元、生活质量价值约为 6.6 亿元。

5.6 讨论

5.6.1 CV调查方案的设计与完善

本研究采用双边界二分式引导技术和随机大样本对申花足球俱乐部的非市场价值进行CV调查,符合CVM应用研究的当前要求。相较于国外职业体育领域现有的CVM应用研究使用开放式、支付卡式、单边界二分式、开放式或支付卡式与单边界二分式相结合的引导技术,以及大多采取随机小样本的做法,本研究按照NOAA委托的由诺贝尔经济学家牵头的"蓝带小组"制定的CVM应用研究原则,使用双边界二分式引导技术与随机大样本能够更为有效地提高调查结果的有效性与可靠性。

为有效避免CVM的自身偏差问题,除了采取双边界二分式引导技术及随机大样本,还采取了其他措施:① 假设情境中全面准确、清晰易懂地描述了上海申花足球俱乐部及其评估内容,加强受访者对被评估对象与内容的"熟悉度",避免因信息不对称或信息不完全而做出的误判。国外研究中,假设情境设计的一个共同缺点就是未清晰描述评估内容以及介绍被评对象。② 虚拟市场构建在欧洲研究的基础上进行了本土化改进,针对申花足球俱乐部的实际情况,构建了"帮助俱乐部引进更多国内外优秀球员,以提高联赛排名甚至夺得中超冠军或亚冠冠军"的虚拟市场。③ 评估内容涉及基于主场城市及其居民的城市品牌效益、心理收入效益、生活质量效益,美国研究只将其中之一或之二作为评估内容,欧洲研究较为全面,且欧美研究各个效益的衡量指标均不全面,如城市品牌效益只是用"城市声誉"或"大联盟城市地位"来进行衡量,这样难以充分评估职业体育俱乐部产生的非市场价值。此外,除了将生活质量效益的认知(国外研究称为公共产品)作为WTP的影响因素,城市品牌效益及心理收入效益的认知均没有作为WTP影响因素。④ 通过预调查将某些偏差限制在正式调查前。预调查使用开放式与支付卡式相结合的引导技术了解受访者支付意愿投标值范围,为正式调查双边界二分式投标值的合理设置提供参考依据。掌握假设情境中俱乐部正外部性效益描述是否清晰易懂,模拟市场是否切合实际并能被受访者接受。了解受访者最愿意接受的支付方式;了解问题容量是否合理,题项表述是否准确且不产生歧义。⑤ WTP影响因素在国外研究的基础上进行了修正与完善,最终形成了正外部性效益认知变量(城市品牌效益、心理收入效益、生活质量效益)、态度行为变量(足球运动涉入度)、干扰因素变量(支付金额、俱乐部成绩与历史)、人口统计学变量(性别、年龄、教育、家庭可支配收入、居住时间、居住地点、户籍)四类影响变量。此外,人口统计学变量为定类或定距变量,为减小统计误差,均转换为虚拟变量。

5.6.2　足球运动涉入度的影响

本研究所设计的“足球运动涉入度”旨在测量受访者对待足球的态度与行为表现(参与或观赛)对支付意愿的影响。足球运动涉入度包含“足球兴趣”“足球观赛”“足球参与”三个指标,三者之间相互影响、相互促进,可以理解为对足球运动的兴趣大、经常观看足球比赛或经常踢球的受访者对上海申花足球俱乐部的支付意愿呈显著性正向影响。实证结果表明:足球运动涉入度对四种支付意愿都具有显著性影响,即涉入度高的受访者的支付意愿大于涉入度低的受访者。对 Y—Y、Y—N、N—Y 选择的影响是正向的,对 N—N 选择的影响是负向的。对 N—N 选择的影响是负向的原因是受访者的两次投标结果都选择拒绝,即足球运动涉入度越高,拒绝的概率越小;但这并不表明受访者拒绝支付,而是由于给定的投标值过高或过低,未能达到受访者预期的支付金额而选择抗议性零支付。Ishizaka 等[61] 研究结果表明,棒球运动参与度越高越愿意支付。Wicker 等[60]研究结果表明,对足球运动感兴趣、经常踢球的受访者对支付意愿具有显著的正向影响,与本研究结果一致。其他研究结果显示,现场观赛、电视观赛、兴趣对支付意愿具有显著的正向作用[53,57-58]。但“兴趣”为受访者对俱乐部的兴趣,“观赛”为观看俱乐部的比赛,而我国俱乐部所在主场城市居民的球迷化程度比较低,因而其研究结果参考意义不大。

本研究结果表明,足球运动涉入度对四种支付意愿具有显著性影响,但并不表明受访者整体足球运动涉入程度高。事实上,受访者整体足球运动涉入度一般(均值为 3.23,标准差为 0.95)。从“足球兴趣”“足球观赛”“足球参与”三个指标分别来看:受访者的整体足球参与度比较低,多数受访者不踢球或偶尔踢球(足球参与均值为 2.55,标准差为 1.14);观赛频次一般,多数受访者只是偶尔观看足球比赛或者根本不看比赛(足球观赛均值为 3.59,标准差为 1.15)。在足球观赛与参与程度都比较低的情况下,对足球兴趣一般(均值为 3.55,标准差为 1.06),即多数受访者不怎么喜欢足球或对足球的喜爱程度一般。受访者足球运动涉入度对支付意愿具有显著的正向影响,但受访者整体足球运动涉入度一般,说明足球运动涉入度并不是支付意愿唯一和决定性的因素。如前文回归系数分析所示,其影响力小于心理收入效益和城市品牌效益。

5.6.3 正外部性效益的影响

实证结果显示，上海申花足球俱乐部产生的基于主场城市及其居民的非市场价值是巨大的，主要原因是上海家庭总户数规模大。相对于50～5 000元的投标值范围而言，1 369元/(户·年)的WTP均值并不显得很高，说明大多数受访者对上海申花足球俱乐部带来的城市品牌效益、心理收入效益及其生活质量效益的认知水平并不高。其中，生活质量效益认知对受访者的四种支付意愿的影响均不显著，可以说明受访者对上海申花足球俱乐部的关注较少(较少阅读上海申花足球俱乐部相关新闻或评论性文章，或者较少与亲友讨论上海申花足球俱乐部的相关话题)，所以难以感受上海申花足球俱乐部给生活增添的乐趣或带来的文化生活的丰富性。另外，可能与当前我国职业体育俱乐部主场城市居民的球迷化程度不高有关，即使在上海这种职业联赛开展较好的大城市也是如此。大多数居民因为工作压力、生活压力，无暇关注体育、参与体育，而对于足球这项对技术和场地要求较高的运动项目而言，从参与的视角看算不上大众项目。现有研究将生活质量效益视为公共产品，结果表明公共产品(主要为阅读、谈论与生活质量水平感知)消费对支付意愿具有显著的正向影响[52,56-59,61]，与本研究结果相反。这可能是因为欧美职业体育俱乐部主场城市球迷化程度较高，居民对于俱乐部的关注度较高，经常阅读相关新闻或文章，经常谈论相关话题，俱乐部成为人们生活中的一部分，如果俱乐部搬迁或解散，将大大影响生活质量水平。

心理收入效益对四种情况的支付意愿都达到了显著性影响，对Y—Y、Y—N、N—Y选择的影响是正向的，对N—N选择的影响是负向的。对N—N选择的影响为负的原因是受访者的两次投标结果都选择拒绝，即心理收入感知越深，对投标值选择拒绝的可能性越小。这说明上海申花足球俱乐部作为上海第一家职业体育俱乐部，作为中国足球职业联赛开展伊始便已存在的老牌俱乐部，上海居民对其有着难以割舍的情怀，其优异的历史成绩让上海居民为之自豪，进而对上海更加认同与依恋(认同感与归属感)。尽管当下上海申花足球俱乐部的联赛成绩并不理想，但他们依然对其充满信心，所以受访者对心理收入效益的感知最为深刻，支付动机选择心理收入效益的受访者比例最高且占据明显优势(45.2%)便是证明。现有研究中虽然有部分研究将心理收入效益列为非市场价值评估内容，但评估的只是市民自豪感一个指标，且并没有将其作为支付意愿的影响因素。

城市品牌效益对Y—Y、Y—N选择呈显著的正向影响，表明做出Y—Y、

Y—N 选择的受访者对城市品牌效益的认知较为深刻,也表明这一群体非常了解一家顶级联赛俱乐部对主场城市的知名度、城市形象、城市声誉的影响。对 N—Y、N—N 选择不具有显著性影响,表明 N—Y、N—N 选择不随城市品牌效益认知的变化而变化,这一群体大多数没有认知到一家顶级联赛俱乐部给上海带来的城市品牌效益,或许是他们对上海申花足球俱乐部不是很熟悉,也有可能他们更认可东方明珠塔、外滩万国建筑群等地标建筑或历史人文景点给上海带来的城市品牌效益远远大于上海申花足球俱乐部所带来的城市品牌效益。现有研究只将城市声誉作为城市品牌效益的测量指标,结果表明城市声誉对支付意愿具有显著的正向影响[54,56,58,60]。

5.6.4 干扰因素的影响

有研究认为俱乐部球队的成绩是获得自豪感的源泉[99],本研究也认为正外部性效益创造的非市场价值与俱乐部的成绩息息相关。实证结果表明,俱乐部成绩对 Y—Y 选择具有显著的正向影响,对 N—N 选择具有显著的负向影响。两种选择的俱乐部成绩影响系数方向相反,是由于 Y—Y、N—N 选择是两种完全相反的支付选择,前者是对初始投标值与较高投标值的全部接受,后者是对初始投标值和较低投标值的全部拒绝。对于 Y—Y 选择来讲,俱乐部成绩感知越显著,Y—Y 选择概率越大,因而影响是正向的。N—N 选择是指初始投标值与较低投标值均没有达到受访者的预期支付金额,俱乐部成绩影响系数为负表示俱乐部成绩感知越显著,N—N 选择概率越小。Y—Y、N—N 选择的受访者比例合计达到 63.75%,说明较大比例的受访者认为上海申花足球俱乐部的历史成绩较好,有夺得中超联赛冠军的可能性。上海申花足球俱乐部在甲 A 与中超时代夺得过 1 次冠军、8 次亚军,以及 2 次足协杯冠军。虽然 2019 赛季,在本研究 CV 调查进行时,中超前 11 轮比赛,上海申花足球俱乐部一场未胜,联赛排名倒数第三,面临着降级的风险,但受访者依然充满信心,他们相信上海申花足球俱乐部作为一支老牌俱乐部,高层管理者在面临困境时会做出积极调整并扭转颓势。联赛半程,申花队仅取得 3 胜 3 平 9 负的成绩,积 12 分排名倒数第三,离降级区仅 1 分之遥。此时,上海申花足球俱乐部做出调整,引进韩国教练崔康熙,同时引进韩国国脚金信煜,之后对阵河南建业(18 轮)与北京人和(19 轮)取得两连胜,出现保级曙光,在足协杯 8 强赛时完胜天津泰达进入足协杯 4 强,同时又签下国脚彭欣力,弥补了申花中场的不足。上海申花足球俱乐部的劲旅形象,以及俱乐部面对颓势的适时调整,令上海居民对其充满信心。

本研究在 CV 调查方案设计时,将俱乐部的历史列为 WTP 影响因素之一,主要鉴于上海申花足球俱乐部相对于我国职业体育发展史来讲，是少数历史较长的俱乐部之一；是我国足球顶级联赛的创始球队并延续至今，见证了中国职业足球联赛的历史变迁；是上海第一家职业体育俱乐部，代表着上海职业体育发展史。上海申花足球俱乐部对很多老上海居民来讲是一种情怀，是他们的记忆，是他们的青春，融入了他们的生活，陪伴着他们成长、成熟。上海申花足球俱乐部历史上经历四次投资人变更，但“申花”二字依然保留。“申花”二字之所以能够保留，是球迷和观众对上海申花足球俱乐部的一种深厚的情怀，他们不愿意因为更名将上海申花足球俱乐部的历史淹没。因而，本研究认为，一家俱乐部的历史象征着民心与情感，决定着球迷、观众或主场城市居民的支持度，进而影响他们的支付意愿。调查结果表明，俱乐部历史对 Y—Y、Y—N、N—Y 选择有显著的正向影响，从整体上看，三种支付意愿的选择比例达到 76.53%，说明多数受访者认可上海申花足球俱乐部的历史，并正向影响着他们对上海申花足球俱乐部的支付意愿。

四种选择的回归结果表明（$P=0.000$），投标值（支付金额）是所有 WTP 影响因素中的首要因素，直接决定受访者的支付意愿。即投标值越大，愿意支付的概率越小；或投标值越大，拒绝支付的概率越大。因此，合理的投标值设计关系到评估结果的精确性，过大或过小的投标值会导致评估结果大于或小于受访者的支付意愿。此外，需要特别强调的是 N—N 选择，由于受访者的支付意愿高于或低于给定的投标值，T_1 与 T_2 都被拒绝。但从最后计算出的 N—N 选择 WTP 均值（1 275 元/户）来看，低于 Y—Y 选择，但高于 Y—N 与 N—Y 选择，表明大多数受访者的支付意愿高于给定的投标值。

5.6.5 人口统计学变量的影响

5.6.5.1 不显著性影响因素

人口统计学变量中，性别、年龄、受教育程度、居住地点、户籍对 Y—Y、Y—N、N—Y、N—N 选择的影响均不显著。现有研究结果表明，性别对支付意愿均不具显著性影响，支付意愿不随性别变化而变化，与本研究结果一致，说明不管现有研究评估内容涉及城市品牌效益、心理收入效益、生活质量效益的全部还是其中之一或之二，男女受访者在对正外部性效益的认知上不存在显著性差异。年龄影响呈现两种结果：一是不具显著性影响[52-53,56-60]；二是具有显著的负向影响[52,55,61]。现有研究中，大多数研究结果显示，年龄对支付意愿不具有显著性影响，与本研究结果一致。因此可以理解，对性别与年龄这两个最基本的人口统计学变量而言，男女受访者、不同年龄层次受访者的支付意愿不存在显著性差异。其缘由可通过心理收入效益对支付意愿的显著影响给出一定解释,俱乐部的存在令受访者倍感自豪,进而认可主场城市并产生依恋,这种心理收益的感知与获得可以不受性别与年龄的影响。

现有研究中,受教育程度对支付意愿影响存在两种结果:一是不具有显著性影响[52,57,59-60];二是具有显著的正向影响[56,58]。结果存在差异,可能是调查地区被调查对象的差异所致。如果调查地区被调查对象整体学历层次差异比较明显,那么对正外部性效益的认知水平差异会比较明显,进而对支付意愿的影响会呈现显著性差异。一般认为受教育程度越高,对俱乐部正外部性效益的认知水平就会越高,支付意愿亦会越大。本研究结果表明,受教育程度对Y—Y、Y—N、N—Y、N—N选择并不具有显著性影响,可能与调查地区居民整体学历层次都比较高并具有集中趋势有关。上海作为一座国际性大都市、我国的经济文化中心,大多数居民接受过大学教育在情理之中。如果多数受访者都接受过大学教育,那么受教育程度不具有显著性影响则可以得到合理解释。

居住地点对支付意愿不具有显著性影响[53,55],即居住地点距离主场越近支付意愿越高;而Wicker等[60]的研究结果则与之相反(距离主场越远的受访者支付意愿越高),主要原因是欧洲球队的主场很多是在一个镇上,球迷并不住在主场,距离主场较远的受访者把购买球迷债券(支付方式)作为支持球队的一种行为。本研究结果表明,居住地点对Y—Y、Y—N、N—Y、N—N选择并不具有显著性影响。究其缘由,可能是本研究调查对象只是普通居民,不是上海申花足球俱乐部的球迷,或者至少在现场观看过一场上海申花足球俱乐部比赛的一般球迷,对于普通居民而言,居住地点距离主场的远近与正外部性效益的认知并没有太大关联,所以主场区域受访者与非主场区域受访者支付意愿不会呈现显著性差异。而国外研究结果表明居住地点对支付意愿具有显著性影响,可能是因为欧美国家职业体育俱乐部所在城市球迷化程度比较高,去现场观看过一次以上比赛的受访者比较多,居住地点与主场的远近会影响到观赛效用,所以居住地点对支付意愿会具有显著性影响。一般而言,居住地点距离主场越近支付意愿越高。

户籍对Y—Y、Y—N、N—Y、N—N选择不具有显著性影响,即支付意愿不因受访者是否拥有上海户籍而存在显著性差异。一般而言,上海户籍受访者的支付意愿应该大于非上海户籍受访者的支付意愿,然而事实并非如此。这表明上海作为一座国际性大都市,“海纳百川,大气谦和”的城市精神彰显的胸怀让每一个上海居民不管是否拥有上海户籍,对上海都有着强烈的认同感与归属感,以居住在上海而感到自豪,也以上海拥有上海申花足球俱乐部而感到自豪。

调查结果显示，心理收入效益对四种选择都具有显著性影响便是证明。居住时间对Y—Y选择具有显著性影响，对Y—N、N—Y选择具有一定程度的影响。说明非上海户籍居民会随着居住时间的延长，逐渐认同上海、融入上海，将上海作为工作与生活的归属，对于能够代表上海形象的一切事物，与上海户籍居民一样持有强烈的认同感与归属感。

5.6.5.2 显著性影响因素

人口统计学变量中，家庭可支配收入与居住时间对四种选择存在一定程度的影响。家庭可支配收入3个虚拟变量对Y—Y、Y—N、N—Y选择影响显著，而对N—N选择影响显著的只有虚拟变量*inc*3，说明家庭可支配收入总体上不会对N—N选择产生影响。现有研究中，家庭收入或个人收入均对支付意愿产生显著性影响，与本研究结果一致，说明收入不管是在国内情境还是在国外情境中都会对支付意愿产生影响。本研究选择家庭可支配收入作为影响因素而不是家庭收入或者个人收入，是因为家庭可支配收入更能体现居民对上海申花足球俱乐部支付意愿的强烈程度（职业体育消费属于休闲支出消费）。一般而言，家庭可支配收入越高，支付金额越大，现有研究结果和本研究结果和假设一致。居住时间虚拟变量*time*1、*time*2对Y—Y选择影响显著，那么从整体上看居住时间可能会对支付意愿产生影响；而只有居住时间虚拟变量*time*2对Y—N、N—Y选择具有显著性影响，说明居住时间从整体上难以对Y—N、N—Y选择产生影响。总体上讲，居住时间在一定程度上对支付意愿存在显著性影响，即部分居民会因居住时间越长，对上海申花足球俱乐部越熟悉，其支付意愿越强。Swindell、Wicker等[55,60]研究发现，居住时间对支付意愿具有显著性影响，与本研究结果存在一定差异。这可能是因为上海相对于欧美国家的城市，球迷化程度要低很多，不是所有居民都会因居住时间越长越愿意支付。

家庭可支配收入与居住时间虚拟变量的影响系数均为负数，是因为虚拟变量设置时，二者以家庭可支配收入最高水平（12万元以上）与居住时间最高水平（20年以上）为参照组，Logistic回归时是虚拟变量与参照组的比较，当各虚拟变量组支付意愿概率低于参照组时，影响系数则为负。此外，人口统计学变量转换为虚拟变量是按照其类别或水平区间操作的，因此各虚拟变量反映的变化仅代表该类别或水平区间对支付意愿的影响，不影响该变量对支付意愿的整体影响。如果所有虚拟变量或多数虚拟变量对支付意愿产生影响，那么该变量整体上会对支付意愿产生影响；如果只是个别虚拟变量对支付意愿产生影响，那么该变量整体上不会对支付意愿产生影响。人口统计学变量的虚拟变量转化只是为了减小在统计上的误差，提高估计的精确度。

5.7　本章小结

CVM 的引入为职业体育俱乐部非市场价值评估提供了可能,国外职业体育领域 CVM 的应用研究案例能为我国研究提供一定的借鉴,但其研究存在诸多不足之处,并且由于职业体育发展环境以及赛制的差异,CVM 在我国职业体育领域的应用不能照搬照抄。应在本土化的基础上,参考欧美研究的不足之处,有效避免 CVM 自身存在的偏差问题,确保评估结果的有效性与可靠性。应用 CV 调查获取受访者对职业体育俱乐部正外部性效益的支付意愿,并以此估算出非市场价值,在估算阶段,一定程度上变成了纯粹的统计与计算工作。由此来看,职业体育领域 CVM 应用研究的重点不在于方法应用,而在于强调职业体育俱乐部产生的正外部性效益能够证明地方政府补贴的合理性。因此,地方政府补贴应以正外部性效益为理由、非市场价值为依据。

实证结果表明,申花足球俱乐部的正外部性效益(城市品牌效益、心理收入效益、生活质量效益)产生了巨额的非市场价值。之所以价值巨大,首先,因为上海市家庭总户数较大(非市场价值等于 WTP 均值乘以家庭总户数),而大多数二三线城市的人口基数不足千万,因而那些以二三线城市为主场的职业体育俱乐部,以家庭总户数为基础估算的非市场难以与上海比拟;其次,中超联赛是我国职业化程度最高、影响力与知名度最大的联赛,人们对其的关注度、熟悉度也最高;最后,上海作为国际化大都市、我国的经济文化中心,居民的文化素质、家庭可支配收入整体水平相对较高,因而对正外部性效益的认知水平相对较高,愿意支付的金额相对较大,一般二三线城市职业体育俱乐部的 WTP 就不会达到上海市居民的水平。此外,在非市场价值构成中,心理收入价值最大,其次是城市品牌价值,生活质量价值最小。因而,地方政府补贴以非市场价值大小为依据时,补贴金额不但要遵从“统筹兼顾、保证重点”的公共财政支出原则,还要考虑当前政府职能与目标、实际财政状况,以及非市场价值的构成比例。

第6章 结论、研究不足与展望

6.1 结论

6.1.1 我国职业体育俱乐部非市场价值评估CVM应用启示

CVM的引入破解了职业体育俱乐部非市场价值难以货币化的难题。但虚拟市场的假想特性决定其偏差问题不可避免地存在，故如何避免各种偏差问题成为CVM应用研究的关键。国外职业体育领域CVM的应用研究案例能为我国研究提供一定的参考，但也存在诸多不足之处，并且由于职业体育发展环境以及赛制的差异，CVM在我国职业体育领域的应用不能照搬照抄。应在本土化的基础上，参考欧美研究的不足之处及NOAA委托的由诺贝尔经济学家牵头的"蓝带小组"制定的CVM应用原则，有效避免CVM自身存在的偏差问题，确保评估结果的有效性与可靠性。本书认为，应用CVM评估我国职业体育俱乐部非市场价值需把握好以下几个关键点：① 假设情境中关于被评对象与内容的描述应全面准确、清晰易懂，虚拟市场构建切合实际。② 基于主场城市及其居民视角的评估内容包括城市品牌效益、心理收入效益、生活质量效益。③ 采用双边界二分式作为支付意愿的引导技术更能提高评估结果的精确性。④ 开展预调查将部分偏差问题限制在正式调查之前。⑤ 确定非市场价值的构成比例而非区分使用价值与非使用价值。⑥ WTP影响因素的确定应在国外研究的基础上，遴选出适用于我国研究情境的支付意愿影响因素变量，并根据实证对象适当增加新变量且对变量归属进行调整。

6.1.2 职业体育俱乐部非市场价值构成

职业体育俱乐部产品属性解析是非市场价值构成分析的前提。职业体育俱乐部产品事实上是以职业体育赛事为核心产品的产品包，基于"非竞争性"与"社会共同需要"对产品包逐一进行解析，结果发现职业体育俱乐部产品既包含公共产品又包含私人产品。属于公共产品的城市品牌效益、生活质量效益、心理收入效益既具有非竞争性又体现了社会共同需要，是美好生活的获得感与幸福感的来源，并在职业体育赛事的生产过程中外溢给了主场城市及其居民。这些正外部性效益不仅能够证明地方政府补贴的合理性，也为基于主场城市及其居民视角的职业体育俱乐部非市场价值的构成提供了一个理论框架并界定了补贴范围。城市品牌效益为主场城市塑造了新的形象并提升了其知名度，进而提升居民对城市的认同感与归属感；生活质量效益为居民增添了诸多生活乐趣，提高了生活满意度与幸福感；心理收入效益增强了居民情感体验与获得感，使一些人从沉闷的生活方式中逃离出来，并树立了积极的人生态度。由于这些效益独立于市场机制之外，职业体育俱乐部无法向享受这些效益的居民收取任何费用，进而导致总经济价值的损失。地方政府作为公共产品的主要提供者和公共利益的维护者，对职业体育俱乐部的补贴是正外部性内部化的政府行为，以激励俱乐部将正外部性效益发挥至最优水平。

6.1.3 CV调查方案设计

CV调查方案设计旨在避免或干预各种潜在偏差问题，确保调查结果的有效性与可靠性。支付意愿问卷是CV调查方案设计的关键环节，问卷结构安排、假设情境中俱乐部相关信息描述与虚拟市场构建、引导技术选择、支付方式选择、初始投标值范围及数量、WTP影响因素的遴选与修正等方面都将影响到调查结果的有效性与可靠性。预调查达到了将部分偏差限制在正式调查前的目的，样本容量满足了双边界二分式引导技术对投标值及样本容量的要求。

6.1.4 上海申花足球俱乐部非市场价值与WTP影响因素

对双边界二分式引导技术产生的四种选择(Y—Y、Y—N、N—Y、N—N)进行Logistic回归并建立Logit模型，将模型系数分别代入Hanemann推导的双边界二分式WTP数学期望公式，得出Y—Y、Y—N、N—Y、N—N选择的WTP均值分别为1 718元/户、1 130元/户、911元/户、1 275元/户。将各WTP均值进行加权平均得出总样本WTP均值为1 369元/户，以此为依据计算得出申花足球俱乐部每年的非市场价值约为37.1亿元，其中城市品牌价值约为13.7亿元、心理收入价值约为16.8亿元、生活质量价值约为6.6亿元。因上海申花足球俱乐部存在巨大的非市场价值，地方政府应对其引起重视并给予适当补贴。补贴金额应根据“统筹兼顾、保证重点”的公共财政支出原则、当前政府职能与目标、实际财政状况，在保证基本公共服务的前提下，依据非市场价值构成比例确定。Logistic 回归结果表明，足球运动涉入度、心理收入效益、投标值（支付金额）、俱乐部历史是影响上海居民支付意愿的决定性因素，城市品牌效益、俱乐部成绩、家庭可支配收入、居住时间对上海居民的支付意愿存在一定程度的影响。由于国情与联赛环境差异，WTP 影响因素结果既有与国外研究结果相一致的地方，也存在不同。

6.2 研究不足与展望

本研究基于主场城市及其居民的视角构建了一个职业体育俱乐部正外部性效益理论框架，并界定了地方政府补贴范围。CVM 应用参考了 NOAA 委托的由诺贝尔经济学家牵头的“蓝带小组”制定的原则以及国外现有研究的经验与不足之处，尽可能地避免了偏差问题，保证了评估结果的有效性与可靠性。但实证对象只选择申花足球俱乐部，而上海拥有 4 家顶级联赛俱乐部，就中超联赛而言，上海有上海海港足球俱乐部与上海申花足球俱乐部，那么同一项目的两家顶级联赛俱乐部的支付意愿实证结果是否存在差异，不同项目顶级联赛职业俱乐部的支付意愿实证结果是否存在差异，本研究未进行比较。按照边际效用递减规律，顶级联赛职业体育俱乐部正外部性效益存在较大的同质性，那么受访者的支付意愿会存在边际递减现象，结果是否如此需要实证检验。此外，小型职业联赛（小联盟）俱乐部的非市场价值构成是否与顶级职业联赛（大联盟）俱乐部一致，非市场价值的货币金额估算也值得研究。基于本研究的不足之处，未来职业体育俱乐部非市场价值评估的研究，应在考虑边际效用递减规律的情况下，选择两家或以上顶级联赛俱乐部作为实证对象，同时考虑同一项目与不同项目之间受访者支付意愿的差异。其次，可选择小型联赛俱乐部作为实证对象，如中甲或中乙俱乐部。

参考文献

[1] 王玉峰，周毅，刘夫力，等.城市政府对当地职业足球俱乐部支持情况的调查分析[J].广州体育学院学报，2001，21(1)：18-20.

[2] 丁一，姚颂平.中美城市政府对职业体育俱乐部支持方式的比较[J].首都体育学院学报，2013，25(3)：205-213.

[3] 任超.欧盟职业足球俱乐部政府补助的法律规制及其借鉴[J].天津体育学院学报，2015，30(6)：487-492.

[4] 郇昌店，张林，杨茜萍.政府公共投资扶持体育产业发展的形式及优化建议[J].北京体育大学学报，2014，37(1)：46-51.

[5] 深圳市文体旅游局.深圳市文体旅游局关于印发《深圳市高水平职业体育俱乐部资助奖励操作规程》的通知[J].深圳市人民政府公报，2016(32)：25-28.

[6] 王伟.广州政府重奖本地俱乐部双冠王可获一亿元奖金[EB/OL].(2017-02-13)[2023-08-28].https://sports.sina.com.cn/china/j/2017-02-13/doc-ifyameqr7466436.shtml.

[7] HERZOG H W. Who benefits from state and local economic development policies? [J]. Economic geography，1992，68(2)：214-216.

[8] ROSENTRAUB M S. Sport and downtown development strategy if you build it，will jobs come? [J]. Journal of urban affairs，1994，16(3)：221-239.

[9] CAGAN N D J. Field of schemes：how the great stadium swindle turns public money into private profit[J]. Journal of psychohistory，1998，28(4)：483-484.

[10] COATES D，HUMPHREYS B R. The stadium gambit and local economic development[J]. Regulation，2000，23(2)：15-20.

[11] PIERRO J. The impact of professional sports franchises on local economies [D]. Smithfield：Bryant University，2014.

[12] HAMILTON B W, KAHN P. Baltimore's camden yards ballpark[M]//ROGER G N, ANDREW Z. Sports, jobs, and taxes: the economic impact of sports teams and stadiums. Washington D. C. :Brookings Institution Press, 1997.
[13] BAADE R A. Professional sports as catalysts for metropolitan economic development[J]. Journal of urban affairs, 1996, 18(1):1-17.
[14] SIEGFRIED J, ZIMBALIST A. The economics of sports facilities and their communities[J]. Journal of economic perspectives, 2000, 14(3):95-114.
[15] GROOTHUIS P A, ROTTHOFF K W. The economic impact and civic pride effects of sports teams and mega-events: do the public and the professionals agree? [J]. Economic affairs, 2016, 36(1):21-32.
[16] AUSTRIAN Z, ROSENTRAUB M S. Cities, sports, and economic change: a retrospective assessment[J]. Journal of urban affairs, 2002, 24(5):549-563.
[17] BAADE R A. Evaluating subsidies for professional sports in the United States and Europe: a public-sector primer[J]. Oxford review of economic policy, 2003, 19(4):585-597.
[18] BAADE R A, BAUMANN R, MATHESON V A. Selling the game: estimating the economic impact of professional sports through taxable sales[J]. Southern economic journal, 2008, 74(3):794-810.
[19] COATES D, HUMPHREYS B. Do economists reach a conclusion on subsidies for sports franchises, stadiums, and mega-events? [J]. Econ journal watch, 2008, 5(3):294-315.
[20] GIUS M, JOHNSON D. An empirical estimation of the economic impact of major league sports teams on cities[J]. Journal of business and economic studies, 2001, 7(1):32-38.
[21] JASINA J, ROTTHOFF K W. The impact of a professional sports franchise on county employment and wages[J]. International journal of sport finance, 2008, 3(4):210-227.
[22] CROMPTON J L. Economic impact analysis of sports facilities and events: eleven sources of misapplication[J]. Journal of sport management, 1995, 9(1):14-35.
[23] HUDSON I. The use and misuse of economic impact analysis[J]. Journal of

sport and social issues,2001,25(1):20-39.
[24] JOHNSON A T,SACK A. Assessing the value of sports facilities:the importance of noneconomic factors[J]. Economic development quarterly,1996,10(4):369-381.
[25] MASON D S,DUQUETTE G H. Urban regimes and sport in North American cities:seeking status through franchises,events and facilities[J]. International journal of sport management & marketing,2008,3(3):221-241.
[26] DANIELSON M N. Home team: professional sports and the American metropolis[M]. Princeton,NJ:Princeton University Press,2001.
[27] SWINDELL D, ROSENTRAUB M S. Who benefits from the presence of professional sports teams? the implications for public funding of stadiums and Arenas[J]. Public administration review,1998,58(1):11-20.
[28] SWINDELL D,ROSENTRAUB M S,TSVETKOVA S. Public dollars,sport facilities,and intangible benefits:the value of a team to a region's residents and tourists[J]. Journal of tourism,2008,9(2):133-159.
[29] EDWARDS H. Sociology of sport[M]. Homewood,IL:The Dorsey Press,1973.
[30] FREEMAN A M. The measurement of environmental and resource values: theories and methods[M]. Washington D. C.: Resources for the Future Press,2003.
[31] WHITEHEAD J C. Willingness to pay for quality improvements:comparative statics and interpretation of contingent valuation results[J]. Land economics,1995,71(2):207-215.
[32] DIAMOND P A, HAUSMAN J A. Contingent valuation: is some number better than No number? [J]. Journal of economic perspectives,1994,8(4):45-64.
[33] DAVIS R K. The value of outdoor recreation:an economic study of the Maine woods[D]. Cambridge:Harvard University,1963.
[34] MOSTAFA M M,AL-HAMDI M. Kuwaiti consumers' willingness to pay for environmental protection in Failaka Island:a contingent valuation analysis[J]. Tourism review,2016,71(3):219-233.
[35] KWON S H,KIM K J,KIM K,et al. Assessment model on environmental

economics for construction projects in Korea[J]. KSCE journal of civil engineering,2012,16(4):505-516.

[36] SMALE M,BELLON M R,AGUIRRE J A,et al. The economic costs and benefits of a participatory project to conserve maize landraces on farms in Oaxaca,Mexico[J]. Agricultural economics,2003,29(3):265-275.

[37] GAUCHAN D,SMALE M,CHAUDHARY P. Market-based incentives for conserving diversity on farms:the case of rice landraces in Central Tarai,Nepal[J]. Genetic resources and crop evolution,2005,52(3):293-303.

[38] ATKINSON G,BATEMAN I,MOURATO S. Recent advances in the valuation of ecosystem services and biodiversity[J]. Oxford review of economic policy,2012,28(1):22-47.

[39] HARRISON G W. Valuing public goods with the contingent valuation method:a critique of kahneman and knetsch[J]. Journal of environmental economics & management,1992,23(3):248-257.

[40] BATEMAN I J,LANGFORD I H. Non-users' willingness to pay for a National Park:an application and critique of the contingent valuation method[J]. Regional studies,1997,31(6):571-582.

[41] BORGHI J,JAN S. Measuring the benefits of health promotion programmes:application of the contingent valuation method[J]. Health policy,2008,87(2):235-248.

[42] KLOSE T. The contingent valuation method in health care[J]. Health policy,1999,47(2):97-123.

[43] GHOSH P K,MONDAL M S. Economic valuation of the non-use attributes of a south-western coastal wetland in Bangladesh[J]. Journal of environmental planning and management,2013,56(9):1403-1418.

[44] SHWIFF S A,ANDERSON A,CULLEN R,et al. Assignment of measurable costs and benefits to wildlife conservation projects[J]. Wildlife research,2013,40(2):134.

[45] BULTE E H,VAN KOOTEN G C. Marginal valuation of charismatic species:implications for conservation[J]. Environmental and resource economics,1999,14(1):119-130.

[46] TEAL G A, LOOMIS J B. Effects of gender and parental status on the economic valuation of increasing wetlands, reducing wildlife contamination and increasing salmon populations[J]. Society&natural resources, 2003, 13(1): 1-14.

[47] LEE J S. Measuring the economic benefits of residential water quality improvement in Ulsan, Korea using a contingent valuation[J]. Urban water journal, 2014, 11(3): 252-259.

[48] BARTON D N. The transferability of benefit transfer: contingent valuation of water quality improvements in Costa Rica[J]. Ecological economics, 2002, 42(1): 147-164.

[49] CORDES S, ALLEN J, BISHOP R C, et al. Social capital, attachment value, and rural development: a conceptual framework and application of contingent valuation[J]. American journal of agricultural economics, 2003, 85(5): 1201-1207.

[50] SCHLAPFER F, DEACON R T, HANLEY N. A note on the measurement of bias in stated willingness to pay for public goods[J]. Kyklos, 2005, 58(1): 145-152.

[51] JOHNSON B, WHITEHEAD J. Value of public goods from sports stadiums: the CVM approach[J]. Contemporary economic policy, 2000, 18(1): 48-58.

[52] JOHNSON B K, GROOTHUIS P A, WHITEHEAD J C. The value of public goods generated by a major league sports team[J]. Journal of sports economics, 2001, 2(1): 6-21.

[53] OWEN J G. The intangible benefits of sports teams[J]. Public finance and management, 2006, 6(3): 321-345.

[54] JOHNSON B K, MONDELLO M J, WHITEHEAD J C. The value of public goods generated by a national football league team[J]. Journal of sport management, 2007, 21(1): 123-136.

[55] SWINDELL D, ROSENTRAUB M S, TSVETKOVA S. Public dollars, sport facilities, and intangible benefits: the value of a team to a region's residents and tourists[J]. Journal of tourism, 2008, 9(2): 133-159.

[56] FENN A J, CROOKER J R. Estimating local welfare generated by an NFL

team under credible threat of relocation[J]. Southern economic journal,2009,76(1):198-223.

[57] CASTELLANOS P,SÁNCHEZ J M. The economic value of a sports club for a city:empirical evidence from the case of a Spanish football team[J]. Urban public economics review,2007(7):13-39.

[58] CASTELLANOS P,GARCÍA J,SÁNCHEZ J M. The willingness to pay to keep a football club in a city:how important are the methodological issues?[J]. Journal of sports economics,2011,12(4):464-486.

[59] CASTELLANOS G P,GARCÍA V J,MANUEL SÁNCHEZ S J. Economic crisis,sport success and willingness to pay:the case of a football club[J]. Sport,business and management,2014,4(3):237-249.

[60] WICKER P,WHITEHEAD J C,JOHNSON B K,et al. Willingness-to-pay for sporting success of Football Bundesliga Teams [J]. Contemporary economic policy,2016,34(3):446-462.

[61] ISHIZAKA K,MANO Y. The economic value of having a professional sports team in a city[J]. Journal of Japan Society of Sports Industry,2010,20(2):159-171.

[62] 敖长林,袁伟,王锦茜,等.零支付对条件价值法评估结果的影响:以三江平原湿地生态保护价值为例[J].干旱区资源与环境,2019,33(8):42-48.

[63] 李国平,郭江.榆林煤炭矿区生态环境改善支付意愿分析[J].中国人口(资源与环境),2012,22(3):137-143.

[64] 张翼飞.居民对生态环境改善的支付意愿与受偿意愿差异分析:理论探讨与上海的实证[J].西北人口,2008,29(4):63-68.

[65] 蔡志坚,杜丽永,蒋瞻.条件价值评估的有效性与可靠性改善:理论、方法与应用[J].生态学报,2011,31(10):2915-2923.

[66] 葛继红,郑智聪,杨森.城市居民雾霾治理支付意愿及其影响因素研究:基于南京市民的调查数据[J].湖南农业大学学报(社会科学版),2016,17(6):89-93.

[67] 查爱苹,邱洁威.条件价值法评估旅游资源游憩价值的效度检验:以杭州西湖风景名胜区为例[J].人文地理,2016,31(1):154-160.

[68] 邴振华,高峻.九寨沟景观游憩价值评估及空间分异[J].生态学报,2016,

36(14):4298-4306.

[69] 卿树涛.消费者支付意愿与安全食品供给[D].成都:西南财经大学,2013.

[70] 陈晨,班婕,李湉湉.基于条件价值法的老年人热浪死亡风险受偿意愿研究[J].环境与健康杂志,2017,34(11):985-990.

[71] 蔡春光,陈功,乔晓春,等.单边界、双边界二分式条件价值评估方法的比较:以北京市空气污染对健康危害问卷调查为例[J].中国环境科学,2007,27(1):39-43.

[72] 沈思,冯永财,熊伟.基于CVM的图书馆社会价值评估研究[J].图书馆学研究,2012(3):17-19,25.

[73] 陈慧鹏.图书馆资源系统社会价值评估研究[J].图书馆建设,2011(12):21-23.

[74] 林逢春,陈静.条件价值评估法在上海城市轨道交通社会效益评估中的应用研究[J].华东师范大学学报(哲学社会科学版),2005(1):48-53,123.

[75] HUDSON I. Bright lights, big city: do professional sports teams increase employment? [J]. Journal of urban affairs,1999,21(4):397-408.

[76] COATES D,HUMPHREYS B R. The economic consequences of professional sports strikes and lockouts[J]. Southern economic journal, 2001, 67(3):737-747.

[77] COATES D,HUMPHREYS B R. The effect of professional sports on earnings and employment in the services and retail sectors in US cities[J]. Regional science and urban economics,2003,33(2):175-198.

[78] LERTWACHARA K,COCHRAN J J. An event study of the economic impact of professional sport franchises on local U. S. economies[J]. Journal of sports economics,2007,8(3):244-254.

[79] BAADE R A, DYE R F. An analysis of the economic rationale for public subsidization of sports stadiums[J]. The annals of regional science, 1988, 22(2):37-47.

[80] BAADE R A, SANDERSON A. The employment effect of reams and sports facilities[M]//ROGER G N, ANDREW Z. Sports, jobs, and taxes: the economic impacts of sports teams and stadiums. Washington D. C.:Brookings Institution Press,1997.

[81] RAPPAPORT J,WILKERSON C R. What are the benefits of hosting a major league sports franchise[J]. Econometric reviews,2001,86:55-86.

[82] BOOTH A L,FRANCESCONI M,FRANK J. Temporary jobs:stepping stones or dead ends? [J]. The economic journal,2002,112(480):189-213.

[83] BAADE R A,DYE R F. The impact of stadium and professional sports on metropolitan area development[J]. Growth and change,1990,21(2):1-14.

[84] COATES D,HUMPHREYS B R. The growth effects of sport franchises, stadia,and Arenas[J]. Journal of policy analysis and management,1999,18(4):601-624.

[85] COATES D,HUMPHREYS B R. The economic impact of postseason play in professional sports[J]. Journal of sports economics,2002,3(3):291-299.

[86] VÄRJA E. Is a successful professional sports team good for regional economic growth? [R]. Örebro,Sweden:Örebro University School of Business,2014.

[87] STORM R K,THOMSEN F,JAKOBSEN T G. Do they make a difference? Professional team sports clubs' effects on migration and local growth:evidence from Denmark[J]. Sport management review,2017,20(3):285-295.

[88] BRANSCOMBE N R,WANN D L. The positive social and self concept consequences of sports team identification[J]. Journal of sport and social issues,1991,15(2):115-127.

[89] ROGER G N,ANDREW Z. Sports,jobs,and taxes:the economic impact of sports teams and stadiums[M]. Washington D. C.:Brookings Institution Press,1997.

[90] CROMPTON J. Beyond economic impact:an alternative rationale for the public subsidy of major league sports facilities[J]. Journal of sport management,2004,18(1):40-58.

[91] SMITH A D. Reimaging the city:the impact of sport initiatives on tourists' images of urban destinations[D]. Sheffield:Sheffield Hallam University,2002.

[92] SCHWESTER R W. An examination of the public good externalities of professional athletic venues:justifications for public financing? [J]. Public budgeting & finance,2007,27(3):89-109.

[93] WALTON H,LONGO A,DAWSON P. A contingent valuation of the 2012

London Olympic games[J]. Journal of sports economics,2008,9(3):304-317.
[94] WICKER P,HALLMANN K,BREUER C,et al. The value of Olympic success and the intangible effects of sport events:a contingent valuation approach in Germany[J]. European sport management quarterly,2012,12(4):337-355.
[95] VEKEMAN A,MEULDERS M,PRAET A,et al. Contingent valuation of a classic cycling race[J]. Journal of sports economics,2015,16(3):268-294.
[96] WICKER P, KIEFER S, DILGER A. The value of sporting success to Germans:comparing the 2012 UEFA Championships with the 2012 Olympics [J]. Journal of business economics,2015,85(8):897-919.
[97] HUMPHREYS B R,JOHNSON B K,MASON D S,et al. Estimating the value of medal success in the Olympic games[J]. Journal of sports economics,2018, 19(3):398-416.
[98] ZAWADZKI K M. Public perception of intangible benefits and costs in the valuation of mega sports events:the case of Euro 2012 in Poland[J]. Eastern European economics,2016,54(5):437-458.
[99] JOHNSON B K,WHITEHEAD J C,MASON D S,et al. Willingness to pay for downtown public goods generated by large,sports-anchored development projects:the CVM approach[J]. City,culture and society,2012,3(3):201-208.
[100] HUANG H Y,ZHANG L. Estimation of the non-market value of sports events:a case study of the civic pride generated by the 2009 Shanghai ATP Masters 1000[J]. Tourism economics,2012,18(4):887-895.
[101] WALKER M,MONDELLO M J. Moving beyond economic impact:a closer look at the contingent valuation method[J]. International journal of sport finance,2007,2(3):149-160.
[102] SAMUELSON P A. The pure theory of public expenditure[J]. The review of economics and statistics,1954,36(4):387-389.
[103] 朱鸿伟. 公共产品含义新探[J]. 中国行政管理,2011(8):36-39.
[104] EECKE W V. Public goods:an ideal concept[J]. Journal of socio-economics, 1999,28(2):139-156.
[105] 秦颖. 论公共产品的本质:兼论公共产品理论的局限性[J]. 经济学家, 2006(3):77-82.

[106] 龙娟,何斌.对公共产品概念的重新界定[J].西安建筑科技大学学报(社会科学版),2010,29(2):9-13.
[107] 丁兆君.公共产品理论适用性的再讨论:兼论社会共同需要论的回归[J].社会科学辑刊,2014(3):46-49.
[108] 吕普生.公共物品属性界定方式分析:对经典界定方式的反思与扩展[J].学术界,2011(5):73-78.
[109] 吴立武.公、私产品界定标准局限性分析[J].财经理论与实践,2006,27(2):7-10.
[110] 李阳.公共产品概念和本质研究综述[J].生产力研究,2010(4):30-32,35.
[111] 张洪武.公共产品的界定标准及制度安排[J].中共福建省委党校学报,2008(3):28-31.
[112] 杜万松.公共产品:边界迷局及其破解[J].福建行政学院学报,2010(3):11-16.
[113] GOLDIN K D. Equal access vs. selective access: a critique of public goods theory[J]. Public choice,1977,29(1):53-71.
[114] DEMSETZ H. The private production of public goods[J]. The Journal of law and economics,1970,13(2):293-306.
[115] 申霞.私人部门参与公共服务的制度建构[J].中国行政管理,2007(4):54-56.
[116] 马恩涛.我国公共产品私人供给的有效性分析[J].哈尔滨商业大学学报(社会科学版),2003(6):114-117.
[117] 晏智杰.边际革命和新古典经济学[M].北京:北京大学出版社,2004.
[118] 薛达元.生物多样性经济价值评估:长白山自然保护区案例研究[M].北京:中国环境科学出版社,1997.
[119] 郇庆治.自然环境价值的发现:现代环境中的马克思恩格斯自然观研究[M].南宁:广西人民出版社,1994.
[120] 黄恒学.公共经济学[M].北京:北京大学出版社,2002.
[121] 朱柏铭.公共经济学[M].杭州:浙江大学出版社,2002.
[122] HOYOS D, MARIEL P. Contingent valuation: past, present and future[J]. Prague economic papers,2010,19(4):329-343.

[123] ARROW K. Report of the NOAA Panel on contingent valuation[J]. Federal register,1993(58):4602-4614.

[124] HAMMACK J,BROWN G M. Waterfowl and wetlands: toward bioeconomic analysis[M]. Washington D. C.:Resources for the Future,1974.

[125] HANEMANN W M. Willingness to pay and willingness to accept: how much can they differ? [J]. American economic review,1991,81(3):635-647.

[126] BROOKSHIRE D S,THAYER M A,SCHULZE W D. Valuing public goods: a comparison of survey and hedonic approaches[J]. The American economic review,1982,72(1):165-177.

[127] 李国平,郭江,李治,等.煤炭矿区生态环境改善的支付意愿与受偿意愿的差异性分析:以榆林市神木县、府谷县和榆阳区为例[J].统计与信息论坛,2011,26(7):98-104.

[128] 党健,李文鸿,周风航.基于条件价值法的生命价值评估:支付意愿与受偿意愿比较研究[J].河南工业大学学报(社会科学版),2012,8(3):50-55.

[129] 徐大伟,赵云峰,侯铁珊,等.辽河流域生态价值评估中 WTP 与 WTA 差异性的实证分析[J].数理统计与管理,2015,34(1):29-37.

[130] 刘亚萍,金建湘,周武生,等.环境价值评估中的 WTP 值和 WTA 值测算与非对称性:以广西北部湾经济区滨海生态环境保护为例[J].生态学报,2015,35(9):2870-2879.

[131] VENKATACHALAM L. The contingent valuation method: a review[J]. Environmental impact assessment review,2004,24(1):89-124.

[132] WILLIG R D. Consumer's surplus without apology[J]. American economic review,1976,66(4):589-597.

[133] HANEMANN W M. Willingness to pay and willingness to accept: how much can they differ? [J]. American economic review,2003,93(1):464.

[134] ADAMOWICZ W L, BHARDWAJ V, MACNAB B. Experiments on the difference between willingness to pay and willingness to accept[J]. Land economics,1993,69(4):416-427.

[135] KAHNEMAN D, TVERSKY A. Prospect theory: an analysis of decision under risk[J]. Econometrica,1979,47(2):263-291.

[136] TVERSKY A,KAHNEMAN D. Loss aversion in riskless choice: a reference-

dependent model [J]. The quarterly journal of economics, 1991, 106 (4): 1039-1061.

[137] THALER R. Toward a positive theory of consumer choice [J]. Journal of economic behavior & organization, 1980(1):39-60.

[138] CUMMINGS R G, BROOKSHIRE D S, SCHULZE W. Valuing environmental goods: a state of the arts assessment of the contingent valuation method[M]. Totowa, NJ: Roweman and Allanheld Press, 1986.

[139] HOEHN J P, RANDALL A. A satisfactory benefit cost indicator from contingent valuation [J]. Journal of environmental economics and management, 1987, 14(3):226-247.

[140] 王瑞雪,颜廷武,陈银蓉. 略论西方发达国家条件价值评估法 WTP 引导技术[J]. 生产力研究, 2007(8):11-13.

[141] BISHOP R C, HEBERLEIN T A. Measuring values of extramarket goods: are indirect measures biased? [J]. American journal of agricultural economics, 1979, 61(5):926-930.

[142] HANEMANN W M. Welfare evaluations in contingent valuation experiments with discrete responses[J]. American journal of agricultural economics, 1984, 66(3):332-341.

[143] LOOMIS J, KENT P, STRANGE L, et al. Measuring the total economic value of restoring ecosystem services in an impaired river basin: results from a contingent valuation survey[J]. Ecological economics, 2000, 33(1):103-117.

[144] BROWN T C, CHAMP P A, BISHOP R C, et al. Which response format reveals the truth about donations to a public good? [J]. Land economics, 1996, 72(2):152-166.

[145] SCHULZE W, MCCLELLAND G, WALDMAN D, et al. Sources of bias in contingent valuation [C]//BJORNSTAD D J, KAHN J. The contingent valuation of environmental resources: methodological issues and research needs. Brookfield: Edward Elgar Publishing Press, 1996:97-116.

[146] KEALY M J, TURNER R W. A test of the equality of closed-ended and open-ended contingent valuations [J]. American journal of agricultural economics, 1993, 75(2):321-331.

[147] BERGSTROM J C, STOLL J R, RANDALL A. The impact of information on environmental commodity valuation decisions [J]. American journal of agricultural economics, 1990, 72(3): 614-621.

[148] WHITEHEAD J C, BLOMQUIST G C. Measuring contingent values for wetlands: effects of information about related environmental goods[J]. Water resources research, 1991, 27(10): 2523-2531.

[149] NEILL H R. The context for substitutes in CVM studies: some empirical observations[J]. Journal of environmental economics and management, 1995, 29(3): 393-397.

[150] AJZEN I, BROWN T C, ROSENTHAL L H. Information bias in contingent valuation: effects of personal relevance, quality of information, and motivational orientation [J]. Journal of environmental economics and management, 1996, 30(1): 43-57.

[151] LOOMIS J, GONZALEZ-CABAN A, GREGORY R. Do reminders of substitutes and budget constraints influence contingent valuation estimates? [J]. Land economics, 1994, 70(4): 499-506.

[152] NEILL H R, CUMMINGS R G, GANDERTON P T, et al. Hypothetical surveys and real economic commitments[J]. Land economics, 1994, 70(2): 145-154.

[153] DUFFIELD J W, PATTERSON D A. Inference and optimal design for a welfare measure in dichotomous choice contingent valuation [J]. Land economics, 1991, 67(2): 225-239.

[154] SEIP K, STRAND J. Willingness to pay for environmental goods in Norway: a contingent valuation study with real payment[J]. Environmental and resource economics, 1992, 2(1): 91-106.

[155] FOSTER V, BATEMAN I J, HARLEY D. Real and hypothetical willingness to pay for environmental preservation: a non-experimental comparison[J]. Journal of agricultural economics, 1997, 48(2): 123-138.

[156] MITCHELL R C, CARSON R T. Using surveys to value public goods: the contingent valuation method[M]. Washington D. C.: Taylor and Francis Press, 2013.

[157] WHITTINGTON D,SMITH V K,OKORAFOR A,et al. Giving respondents time to think in contingent valuation studies:a developing country application [J]. Journal of environmental economics and management, 1992, 22(3): 205-225.

[158] GRIFFIN C C,BRISCOE J,SINGH B,et al. Contingent valuation and actual behavior:predicting connections to new water systems in the state of Kerala, India[J]. The world bank economic review,1995,9(3):373-395.

[159] CARSON R T, FLORES N E, MEADE N F. Contingent valuation: controversies and evidence[J]. Environmental and resource economics,2001, 19(2):173-210.

[160] HANEMANN W M. Valuing the environment through contingent valuation [J]. Journal of economic perspectives,1994,8(4):19-43.

[161] BATEMAN I,MUNRO A,RHODES B,et al. Does part-whole bias exist? An experimental investigation[J]. The economic journal,1997,107(441):322-332.

[162] HARRISON G W. Valuing public goods with the contingent valuation method:a critique of Kahneman and Knetsch[J]. Journal of environmental economics and management,1992,23(3):248-257.

[163] KAHNEMAN D. Comments on the contingent valuation method[M]// CUMMINGS R G, BROOKSHIRE D S, SCHULZE W. Valuing environmental goods:a state of the arts assessment of the contingent valuation method. Totowa ,NJ:Roweman and Allanheld Press,1986.

[164] DESVOUSGES W H,JOHNSON F R,DUNFORD R W,et al. Measuring natural resource damages with contingent valuation: tests of validity and reliability[M]//HAUSMAN J A. Contingent valuation:a critical assessment. Amsterdam:North Holland Press,1993:91-164.

[165] 查爱苹,邱洁威,黄瑾. 条件价值法若干问题研究[J]. 旅游学刊,2013,28(4):25-34.

[166] BATEMAN I J, TURNER R K. Valuation of environment, methods and techniques:the contingent valuation method[M]//TURNER R K. Sustainable environmental economics and management: principles and practice. London

and New York:Belhaven Press,1993:120-191.

[167] 周振民,岳小松.农民对水价改革承受能力双边界二分式 CVM 模型研究[J].中国农村水利水电,2009(8):122-125.

[168] 查爱苹,邱洁威,后智钢.基于双边界二分式条件价值法的杭州西湖风景名胜区旅游资源非使用价值评估[J].生态科学,2017,36(2):135-143.

[169] 敖长林,周领,焦扬,等.初始投标值数量和样本容量对双边界二分式 CVM 的影响[J].生态学报,2016,36(3):854-862.

[170] COOPER J C. Optimal bid selection for dichotomous choice contingent valuation surveys[J]. Journal of environmental and economics management, 1993,24(1):25-40.

[171] 张林,徐昌豹.现代职业体育俱乐部的本质与特征[J].上海体育学院学报,2001,25(3):1-6.

[172] 杨铁黎.职业篮球市场论:兼谈我国职业篮球市场的现状与改革思路[M].北京:北京体育大学出版社,2003.

[173] 侯晋龙.基于俱乐部理论谈我国职业体育俱乐部发展[J].安徽体育科技,2004(3):80-81,99.

[174] 魏来.中国公共体育服务产品供给研究[D].北京:北京体育大学,2007.

[175] 刘嘉丽.职业体育俱乐部服务产品属性探析[J].体育文化导刊,2005(9):10-12.

[176] 杨雪.体育服务产品的公共性与私人性[J].沈阳体育学院学报,2006,25(4):36-38.

[177] 卢文云.我国职业联赛的性质及其有效供给[J].武汉体育学院学报,2008,42(2):45-48.

[178] 李南筑,黄海燕,曲怡,等.论体育赛事的公共产品性质[J].上海体育学院学报,2006,30(4):10-17,22.

[179] 球讯体育.中超俱乐部年度财务数据公布:一年亏损达 40 亿,光鲜只是表象[EB/OL].(2017-12-05)[2023-08-28]. https://www.sohu.com/a/208557432_790333.

[180] 江小涓.职业体育与经济增长:比赛、快乐与 GDP[J].体育科学,2018,38(6):3-13.

[181] 英迈传媒.2017 赛季中超联赛收视分析报告[EB/OL].(2017-12-04)

[2023-12-12]. http://www.sohu.com/a/208402830_522898.

[182] 齐卫平. 以获得感、幸福感、安全感满足人民向往美好生活的新时代需要[EB/OL].(2017-12-15)[2023-12-12]. http://theory.people.com.cn/n1/2017/1215/c40531-29709059.html.

[183] SPARVERO E S. Leverage of professional sport teams: reconciling host communities expectations and realities[D]. Austin: The University of Texas at Austin, 2008.

[184] COATES D. Stadiums and arenas: economic development or economic redistribution? [J]. Contemporary economic policy, 2007, 25(4): 565-577.

[185] SCHIMMEL K S. Take me out to the ballgame: the transformation of production consumption relations in professional sport[M]//LEE H C, DOUGLAS B D, DE B D. Popular culture: production and consumption. Oxford: Blackwell Press, 2001.

[186] EISINGER P. The politics of bread and circuses: building the city for the visitor class[J]. Urban affairs review, 2000, 35(3): 316-333.

[187] NEWMAN H K. Race and the tourist bubble in downtown Atlanta[J]. Urban affairs review, 2002, 37(3): 301-321.

[188] MORGAN J. Glory for sale: fans, dollars, and the new NFL[M]. Baltimore: Bancroft Press, 1997.

[189] 代方方. 我国职业体育俱乐部税收政策研究[D]. 北京：北京体育大学，2013.

[190] 郑兆云，赵丽光，杨吉春，等. 职业体育市场中的外部性问题分析与探究[J]. 天津体育学院学报，2004，19(4)：84-86.

[191] IRANI D. Public subsidies to stadiums: do the costs outweigh the benefits? [J]. Public finance review, 1997, 25(2): 238-253.

[192] ZAICHKOWSKY J L. Measuring the involvement construct[J]. Journal of consumer research, 1985, 12(3): 341-352.

[193] 陈泷，赵唯. 城市声誉与公民行为：论品质城市建设的关键[J]. 观察与思考，2015(9)：64-70.

[194] TRACY J L, ROBINS R W. Emerging insights into the nature and function of pride[J]. Current directions in psychological science, 2007, 16

(3):147-150.

[195] 刘成奎.自豪感、政府偏好与城乡基本公共服务供给的影响研究[J].管理世界,2012(9):174-175.

[196] 郑永年.城市的政治化与城市体制改革[J].文化纵横,2013(2):74-82.

[197] 孙巍,孟杰.第十三届全运会天津市民生活满意度与城市认同感的关系研究[J].沈阳体育学院学报,2018,37(5):60-67.

[198] 何艳玲,郑文强."留在我的城市":公共服务体验对城市归属感的影响[J].同济大学学报(社会科学版),2016,27(1):78-86,103.

[199] 吴明隆.问卷统计分析实务:SPSS 操作与应用[M].重庆:重庆大学出版社,2010.

[200] 李政葳.第 43 次《中国互联网络发展状况统计报告》发布[N].光明日报,2019-03-01(09).

[201] 王坤鹏,牛海鹏.CVM 投标值子样本量对耕地保护外部性测度结果精度的影响分析[J].生态科学,2018,37(6):67-74.

[202] HANEMANN M, LOOMIS J, KANNINEN B. Statistical efficiency of double-bounded dichotomous choice contingent valuation[J]. American journal of agricultural economics,1991,73(4):1255-1263.

[203] BATEMAN I J,LANGFORD I H,JONES A P,et al. Bound and path effects in double and triple bounded dichotomous choice contingent valuation[J]. Resource and energy economics,2001,23(3):191-213.

[204] COOPER J C,HANEMANN M. Referendum contingent valuation:how many bounds are enough[J]. American journal of agricultural economics,1994,76(5):1246-1246.

[205] 潘佩尔. Logistic 回归入门[M].周穆之,译.上海:格致出版社,2015.

[206] 上海市统计局,国家统计局上海调查总队. 2018 年上海统计年鉴[EB/OL]. (2019-1-17)[2023-12-12]. https://tjj. sh. gov. cn/tjnj/20190117/0014-1003014. html.

附　件

预调查问卷

上海申花足球俱乐部居民支付意愿调查

尊敬的女士/先生：

您好！感谢您在百忙之中抽出时间来完成这项调查——上海申花足球俱乐部市民支付意愿调查。本调查旨在通过询问市民支付意愿来估算申花足球俱乐部产生的非市场价值。所有问卷均采取匿名方式，且只用于学术研究，不会给您带来任何不良影响。请在所选项□内打“√”。

上海体育学院　研究生

一、上海申花足球俱乐部相关信息

上海申花足球俱乐部自 1994 年我国职业足球联赛开展伊始便已成立，是上海市拥有的第一家顶级职业联赛俱乐部，甲 A 时代夺得两次冠军，中超时代夺得三次亚军、一次季军。二十多年间，在上海市政府及其市民的支持下，俱乐部虽然几经更换投资人，但“申花”二字一直保留，也未因财务危机破产解散。上海申花足球俱乐部与上海血脉相连，如同东方明珠塔一样代表着上海，代表着上海的职业体育发展史。上海申花足球俱乐部的存在对上海及其市民产生了积极的无形效益。上海申花足球俱乐部如同上海的一张名片，国内外各种媒体对俱乐部的宣传报道提升了上海的知名度与形象。在现场或电视网络媒体上观看比赛为球迷带来激情，球队成绩或俱乐部决策成为亲友间交谈的话题，俱乐部及比赛相关新闻的阅读给市民生活增添了许多乐趣，比赛为聚会提供了机会，获胜或夺冠增强了居民的自豪感、认同感、归属感等心理收益。这也是为什么上海申花足球俱乐部能够得到上海市政府及其市民大力支持的原因。

二、支付意愿询问

上海申花足球俱乐部在中超时代未能获得冠军，2011 年至今中超排名处于中下游（7～11 名之间，除了 2016 年第 4 名）。同城德比的上海海港足球俱乐部 2018 年获得了中超联赛冠军，2015、2017 年获得中超联赛亚军，2017 年还获得亚冠联赛第 4 名。上海海港足球俱乐部作为新兴俱乐部之所以在“冲超”成功后的 7 年间就夺得冠军，与其投入巨额财力引进国内外优秀球员息息相关。上海海港足球俱乐部夺冠对于上海建设“全球著名体育城市”有着重要的意义，上海申花足球俱乐部作为老牌俱乐部如能夺得中超或亚冠冠军，对上海及其市民的意义更加非凡。

1. 为帮助上海申花足球俱乐部引进更多国内外优秀球员以获得中超或亚冠联赛冠军，未来五年内，在家庭可支配收入预算内您的家庭每年愿意支付多少元？（　　）

□0（请转到第 4 题）　□50　□100　□200　□300　□500　□600

□700　□800　□900　□1 000　□1 000 以上

（请在横线上填写具体金额＿＿＿＿＿＿）

2. 您愿意以哪种支付方式进行支付？

□　以现金形式捐赠给某一基金并委托专款专用

□　以纳税形式缴纳给政府，再由政府进行补贴

□　以现金形式缴纳给上海申花足球俱乐部

□　其他＿＿＿＿＿＿＿＿＿＿＿＿＿＿＿＿

3. 您愿意为上海申花足球俱乐部支付一定金额的动机？

□　上海申花足球俱乐部夺冠提升了上海的知名度与形象

□　上海申花足球俱乐部夺冠增强了您的自豪感、认同感与归属感

□　因为上海申花足球俱乐部，我的生活增添了许多乐趣

4. 您拒绝为上海申花足球俱乐部支付一定金额（选择“0”元）的原因？

□　上海申花足球俱乐部是私人企业性质的组织

□　应该由上海市政府给予补贴

□　家庭收入预算有限

□　上海申花足球俱乐部成绩太差

□　不喜欢足球运动

□ 上海申花足球俱乐部的存在带来了噪声与交通拥堵

三、人口统计学特征(请在□内打√)

5. 您的性别

□男 □女

6. 您的年龄

□20 岁以下 □20～30 岁 □31～40 岁 □41～50 岁 □50 岁以上

7. 您的学历

□高中以下 □高中/中专 □大专 □本科 □硕士及以上

8. 您的家庭可支配收入

□4 万元以下 □4.1 万～8 万元 □8.1 万～12 万元 □12 万元以上

9. 您是否是上海市户籍

□是 □否

10. 您在上海居住的时间

□1～3 年 □4～10 年 □11～20 年 □20 年以上

11. 您居住的区域是

□黄埔 □徐汇 □长宁 □静安 □普陀 □虹口 □杨浦
□闵行 □宝山 □嘉定 □浦东 □金山 □松江 □青浦
□奉贤 □崇明

回答到此结束,感谢您的参与!

正式调查问卷

上海申花足球俱乐部正外部性效益居民支付意愿调查

尊敬的女士/先生：

您好！感谢您在百忙之中抽出时间来完成这项调查。本调查旨在通过询问上海居民对上海申花足球俱乐部无形效益的支付意愿来估算其非市场价值。所有问卷采取匿名方式，且只用于学术研究，不会给您带来任何不良影响。请在所选项□上打“√”。

上海体育学院　研究生

一、上海申花足球俱乐部相关信息(请认真阅读，这将有助于您对上海申花足球俱乐部支付意愿的理解)

上海申花足球俱乐部自 1994 年我国职业足球联赛开展伊始便已成立，是上海市拥有的第一家顶级职业联赛俱乐部，甲 A 时代夺得两次冠军，中超时代夺得三次亚军、一次季军(2004—2010 年)。上海申花足球俱乐部与上海血脉相连，如同东方明珠塔一样代表着上海，代表着上海的职业体育发展史。上海申花足球俱乐部的存在为上海及其居民带来了积极的正外部性效益，如城市品牌效益(上海知名度、形象及声誉的提升)、生活质量效益(阅读或收听俱乐部相关的新闻、与亲友讨论俱乐部相关的话题等丰富了生活方式，增添了生活乐趣)、心理收入效益(获胜或夺冠增强了居民的自豪感、认同感、归属感等)。这些效益的价值大小由俱乐部成绩决定，而俱乐部成绩又由国内外优秀球员的数量决定。同城德比上海海港足球俱乐部在 2012 年“冲超”成功后的 7 年间就夺得冠军，与其投入巨额财力引进国内外优秀球员息息相关。2011 年至今，上海申花足球俱乐部中超排名处于中下游(7～11 名之间，除了 2016 年第 4 名)，严重影响了其在中超的地位及无形效益创造的非市场价值大小。上海海港足球俱乐部夺冠对于上海建设“全球著名体育城市”有着重要的意义，上海申花足球俱乐部作为中超联赛老牌俱乐部如能夺得中超或亚冠冠军，对上海及其居民的意义更加非凡。

二、支付意愿询问

1. 我们有兴趣了解上海申花足球俱乐部为上海市及其居民所产生的非市场价值，如俱乐部的存在提升了上海的知名度、城市形象与城市声誉；阅读俱乐部相关的新闻报道及评论性文章，谈论俱乐部相关事件或比赛成绩为您增添了很多乐趣，提升了生活质量；以及俱乐部的存在为您创造的自豪感、认同感与归属感提升了您对上海的满意度与依恋感，让您为自己是上海的一份子而感到骄傲。但这些元形效益创造的非市场价值与俱乐部的成绩息息相关，而俱乐部的成绩又与国内外优秀球员的数量息息相关。为帮助上海申花足球俱乐部引进更多国内外优秀球，提高其成绩甚至夺得中超或亚冠联赛冠军，拟成立了一个居民自愿捐助基金，您是否愿意支付？

☐ 愿意　　☐ 不愿意

2. 您拒绝支付一定金额的原因？

☐ 上海申花足球俱乐部是企业性的组织，应该自负盈亏
☐ 应该由上海市政府给予补贴
☐ 家庭可支配收入预算有限
☐ 上海申花足球俱乐部成绩太差
☐ 根本不喜欢足球运动
☐ 比赛日带来了噪声与交通拥堵
☐ 更愿意支付给上海海港足球俱乐部
☐ 其他________________

3. 未来五年内，在您的家庭可支配收入预算范围内每年拿出100元成立一个自愿捐款基金，您是否愿意支付？

☐ 愿意　　☐ 不愿意

4. 在您的家庭可支配收入预算范围内每年拿出200元，您是否愿意支付？

☐ 愿意　　☐ 不愿意

5. 在您的家庭可支配收入预算范围内每年拿出50元，您是否愿意支付？

☐ 愿意　　☐ 不愿意

6. 您愿意支付一定金额的主要动机是？

☐ 上海申花足球俱乐部提升了上海的知名度、形象、声誉
☐ 上海申花足球俱乐部的存在使您感到很自豪，对上海更有认同感与归属感
☐ 因为上海申花足球俱乐部，您的生活增添了许多乐趣
☐ 其他________________________

三、支付意愿影响因素(请在数字上打"√")

7. 足球运动涉入度

(非常同意=5,比较同意=4,同意=3,不同意=2,非常不同意=1)

您非常喜欢足球运动	5	4	3	2	1
您经常踢足球(两周一次以上)	5	4	3	2	1
您经常观看国内外足球比赛(一周一次以上)	5	4	3	2	1

8. 城市品牌效益

(非常同意=5,比较同意=4,同意=3,不同意=2,非常不同意=1)

上海申花足球俱乐部提升了上海的知名度	5	4	3	2	1
上海申花足球俱乐部提升了上海的城市形象	5	4	3	2	1
上海申花足球俱乐部对上海的城市声誉很重要	5	4	3	2	1

9. 生活质量效益

(非常同意=5,比较同意=4,同意=3,不同意=2,非常不同意=1)

您经常阅读上海申花足球俱乐部相关的新闻报道或文章	5	4	3	2	1
您经常和亲友谈论上海申花足球俱乐部相关的话题	5	4	3	2	1
上海申花足球俱乐部的存在丰富了您的文化生活	5	4	3	2	1
上海申花足球俱乐部的存在给您的生活增添了很多乐趣	5	4	3	2	1

10. 心理收入效益

(非常同意=5,比较同意=4,同意=3,不同意=2,非常不同意=1)

您为上海拥有上海申花足球俱乐部这样的中超俱乐部感到自豪	5	4	3	2	1
上海申花足球俱乐部这样的顶级联赛俱乐部是上海建设卓越全球城市的重要力量,让您对上海更加认可	5	4	3	2	1
上海申花足球俱乐部彰显了上海积极向上的城市文化与精神,让您对上海更加依恋	5	4	3	2	1

11. 上海申花足球俱乐部的历史较长(相对于我国职业发展史)

□非常同意 □比较同意 □同意 □不同意 □非常不同意

12. 上海申花足球俱乐部的历史成绩较好,有夺冠的可能

□非常同意 □比较同意 □同意 □不同意 □非常不同意

四、人口统计学特征

13. 您的性别

□男 □女

14. 您的年龄

□20 岁以下 □20～30 岁 □31～40 岁 □41～50 岁 □50 岁以上

15. 您的学历

□高中以下 □高中/中专 □大专 □本科 □硕士及以上

16. 您的家庭年均可支配收入

□4 万元以下 □4.1 万～8 万元 □8.1 万～12 万元 □12 万元以上

17. 您是否是上海市户籍

□是 □否

18. 您在上海居住的时间

□1～3 年 □4～10 年 □11～20 年 □20 年以上

19. 您居住的区域是

□黄埔 □徐汇 □长宁 □静安 □普陀 □虹口 □杨浦

□闵行 □宝山 □嘉定 □浦东 □金山 □松江 □青浦

□奉贤 □崇明

回答到此结束,感谢您的参与!